W0175208

O1f6 Abb.: hs

REISE KNOW-HOW im Internet

Aktuelle Reisetipps und Neuigkeiten
Ergänzungen nach Redaktionsschluss
Büchershop und Sonderangebote
Weiterführende Links zu über 100 Ländern

http://www.reise-know-how.de/

Der
**Reise Know-How Verlag
Peter Rump GmbH**
ist Mitglied der Verlagsgruppe
REISE KNOW-HOW

Hans Strobach
Fernreisen auf eigene Faust

„Dass etwas schief gehen kann,
ist kein Grund,
es nicht zu versuchen."
(Wahlspruch meiner Tochter Sandra)

Impressum

Hans Strobach
Fernreisen auf eigene Faust
erschienen im
REISE KNOW-HOW Verlag Peter Rump GmbH
Osnabrücker Straße 79, 33649 Bielefeld

© Peter Rump
1. Auflage 2001
Alle Rechte vorbehalten.

Wir freuen uns über Kritik, Kommentare und Verbesserungsvorschläge.

Alle Informationen in diesem Buch sind vom Autor mit größter Sorgfalt gesammelt und vom Lektorat des Verlages gewissenhaft bearbeitet und überprüft worden.

Da inhaltliche und sachliche Fehler nicht ausgeschlossen werden können, erklärt der Verlag, dass alle Angaben im Sinne der Produkthaftung ohne Garantie erfolgen und dass Verlag wie Autor keinerlei Verantwortung und Haftung für inhaltliche und sachliche Fehler übernehmen.

Die Nennung von Firmen und ihren Produkten und ihre Reihenfolge sind als Beispiel ohne Wertung gegenüber anderen anzusehen.

Gestaltung
Umschlag: G. Pawlak, P. Rump (Layout), G. Pawlak (Realisierung)
Inhalt: G. Pawlak (Layout), K. Werner (Realisierung)
Lektorat: K. Werner
Fotos: der Autor (hs), Klaus Werner (kw), Gunda Urban (gu)

Druck und Bindung
Fuldaer Verlagsagentur

ISBN 3-89416-770-X
Printed in Germany

Dieses Buch ist erhältlich in jeder Buchhandlung der BRD, Österreichs, der Niederlande und der Schweiz. Bitte informieren Sie Ihren Buchhändler über folgende Bezugsadressen:
BRD
Prolit GmbH, Postfach 9, 35461 Fernwald (Annerod)
sowie alle Barsortimente
Schweiz
AVA-buch 2000, Postfach 27, CH-8910 Affoltern
Österreich
Mohr Morawa Buchvertrieb GmbH
Sulzengasse 2, A-1230 Wien
Niederlande
Nilsson & Lamm BV, Postbus 195, NL-1380 AD Weesp

Wer im Buchhandel trotzdem kein Glück hat, bekommt unsere Bücher direkt bei: **Rump Direktversand**, Heidekampstraße 18, D-49809 Lingen (Ems) oder über den Büchershop auf unserer Homepage: **www.reise-know-how.de**

Hans Strobach

Fernreisen
auf eigene Faust

Inhalt

Verkehrsmittel

Sicher unterwegs

Anhang

Checklisten

Trauen Sie sich!

Pauschalangebote haben Reisen zu einem Konsumgut gemacht, das man als „Paket" im Reisebüro kaufen kann. Die Möglichkeiten individueller Ferntouren werden dagegen deutlich seltener genutzt, weil viele Leute Angst davor haben, in einer fremden Umgebung auf sich allein gestellt zu sein und mit dem bloßen Gedanken Schwierigkeiten haben, Flug, Hotel und Mietwagen selbst buchen zu müssen, ohne dass ein Veranstalter die Steigbügel hält.

Tatsächlich ist eine Reise in eigener Regie insofern ein Problem, als sich Individualisten alle Informationen selbst beschaffen müssen. Reisebüros informieren nicht, sondern verkaufen Katalogware. Alles andere ist eine unerwünschte Störung der täglichen Routine, und mit der Organisation individueller Arrangements sind die meisten Mitarbeiter überfordert.

Natürlich gibt es für die Planung individueller Reisen geeignete Reiseführer, aber manchmal wird vorausgesetzt, dass der Leser bereits über das Knowhow für Touren auf eigene Faust verfügt. Einige wenden sich vor allem an junges Publikum mit schmalem Geldbeutel und lassen die Interessen von Reisenden unberücksichtigt, die nicht mehr in Schlafsälen nächtigen und sich spartanisch ernähren möchten.

Das andere Extrem sind Ratgeber für Abenteuerreisen mit Tipps zum Überleben in der Wildnis für Leute, die nicht ohne Adrenalinkick auskommen. Solche Bücher verführen aber immer wieder dazu, sich im Vertrauen auf angelesenes Wissen und eine perfekte Ausrüstung an Unternehmungen zu wagen, von denen man mangels Erfahrung besser die Finger lassen sollte.

Die in diesem Buch gesammelten Ratschläge sind deshalb für Menschen gedacht, die Länder oder Regionen auf Reisen abseits vom organisierten Tourismus kennenlernen möchten, ohne dabei in die Rolle des Rucksacktouristen zu schlüpfen oder das Überleben zu proben. Zweck des Buches ist es, Interessenten zu selbständigen Unternehmungen zu ermutigen und ihnen das Rüstzeug für Touren auf eigene Faust zu vermitteln.

Dazu gehören Hinweise darauf, wie man eine Reise plant, vorbereitet, wie man verlässliche Informationen sammelt und welche Alternativen sich bei der Auswahl von Verkehrsmitteln und Unterkünften anbieten. Tipps für Fahrten in Busch und Wüste wenden sich an angehende Abenteuerreisende.

Der medizinische Teil enthält Ratschläge, wie sich typische Reisekrankheiten vermeiden lassen und welche Selbstbehandlungen im Notfall vertretbar sind.

Mit an erster Stelle stehen Fragen der persönlichen Sicherheit. Das Buch enthält deshalb Hinweise darauf, welche Gegenden zurzeit als sicher und welche als unsicher einzustufen sind. Es gibt viele Ratschläge zum vorbeugenden Verhalten und für den Notfall.

Natürlich erfordert die Organisation individueller Fernreisen einigen Aufwand, aber Neulinge pflegen die damit verbundenen Schwierigkeiten zu überschätzen. Trauen Sie sich! Seien Sie mit Hilfe dieses Ratgebers Ihr eigener Reiseleiter und belohnen sich mit unvergesslichen Eindrücken und Erlebnissen rund um den Globus.

Hans Strobach

073fi Abb.: hs

▶ *Die Zangla-Brücke in der nordindischen Zanskar-Region*

Auf eigene Faust?

Wozu die Mühe?

Auf organisierten Rundreisen setzen viele Veranstalter ihren Ehrgeiz daran, möglichst viele Programmpunkte in zwei bis drei Wochen abzuhaken, und das lässt sich nur realisieren, wenn die Gäste ständig auf Achse sind. Rechnen Sie sich ruhig einmal aus, wie viele Stunden Ihres wohlverdienten Urlaubs Sie auf einer Studienreise in Abflughallen und Flugzeugen zubringen. Vom Land bekommen Sie oft nur ein paar touristische Highlights und viele Geschäfte zu Gesicht. Auch der gelegentliche „halbe Tag zur freien Verfügung" ändert nichts daran, dass organisierte Rundreisen schnell zum Dauerstress werden.

Der Individualist kann dagegen den Nachmittag ungestört vor einer eindrucksvollen Ruine oder bei einer Wasserpfeife im Basar verdösen. Dafür hat er allerdings auch keinen Reiseleiter, der ihm Ärger vom Hals schafft, und muss mit allen Schwierigkeiten allein fertigwerden. Außerdem sind Einzelreisende in manchen Ländern gar nicht gern gesehen und werden schon an der Grenze schikaniert. Aber das gehört ebenso zu einer Reise wie die gastfreundliche Einladung in ein Nomadenzelt oder ans Lagerfeuer im australischen Outback.

Wer aber beispielsweise seinen Wagen über eine menschenleere Piste gesteuert und sich persönlich mit den Problemen des täglichen Lebens in einer unbekannten Umgebung herumgeschlagen hat, bringt mehr an Erlebnissen und Erfahrungen mit nach Hause als jemand, der im klimatisierten Safaribus einen ganzen Kontinent durchquert.

Was das alles kostet

Die weit verbreitete Meinung, dass Pauschalreisen grundsätzlich viel weniger als selbstorganisierte Touren kosten, trifft nur bedingt zu.

Mit Billigreisen, die sich auf den Flug und einen stationären Hotelaufenthalt in einer Region beschränken, die ausschließlich vom Tourismus lebt, werden Sie allerdings nur selten mithalten können. Dann bewegen sich aber auch die Leistungen manchmal auf einem niedrigen oder durchschnittlichen Niveau. Wer auch etwas vom Land sehen und nicht den ganzen Tag nur am Strand liegen möchte, ist auf zusätzliche Exkursionen wie die „Safari" im Anschluss an einen Badeurlaub in Ostafrika angewiesen, und die sind oft unverhältnismäßig teuer und werfen die ganze Billigkalkulation über den Haufen.

Interessant wird der Preisvergleich erst bei organisierten Rundreisen. Besonders Reisen in die USA, nach Kanada, Australien, in die Südsee und in die südafrikanischen Staaten sind oft überteuert. Es ist jedenfalls bezeichnend, dass mit den tatsächlichen Kosten vertraute Individualisten in vielen Lodges in Namibia und Botswana (meist fest in der Hand von Veranstaltern) unwillkommen sind und kein Quartier finden, selbst wenn sie nur auf dem Campingplatz übernachten wollen. Dann besteht nämlich die Gefahr, dass am abendlichen Lagerfeuer auch über Geld gesprochen wird, und es stellt sich vielleicht heraus, dass sie für die gleiche Tour weniger ausgeben mussten als ein Pauschalreisender. So etwas spricht sich natürlich herum und kann zukünftige Kunden vergraulen.

Hinzu kommt, dass die fettgedruckten Angebote im Prospekt manche Kosten verbergen. Bei der Buchung stellt sich nämlich oft heraus, dass die verführerischen Ab-Preise nur für Termine gelten, zu denen niemand reisen will oder kann, und dass zu allen anderen Zeiten saftige Saisonzuschläge fällig werden. In besonders tückischen Annoncen findet sich manchmal noch in winziger Schrift der Hinweis, dass der günstige Preis nur bei einer Buchung für zwei Personen oder bei der Belegung des Zimmers mit drei Personen gilt.

Ist nicht einmal die **Verpflegung** im Preis enthalten, so ist bei der auf gehobenen Rundreisen üblichen Unterbringung in teuren Hotels mit erheblichen Mehrausgaben zu rechnen, denn wer im Hilton absteigt, wird seinen Hunger kaum in einer Pommesbude stillen.

Alleinreisende müssen **Einzelzimmerzuschläge** von bis zu 37 % des Gesamtpreises (aus dem Katalog eines namhaften Veranstalters!) bezahlen, und einmal bin ich sogar auf einen Zuschlag gestoßen, der den regulären Preis für das voll belegte Doppelzimmer überstieg.

Außerdem starten viele Reisen nur von bestimmten Flughäfen, und es können Mehrkosten für die Anfahrt entstehen. Der tatsächliche Endpreis eines Pauschalarrangements hat schließlich mit dem fettgedruckten Lockpreis kaum mehr etwas zu tun.

Eine Ausnahme machen ab und zu die so genannten **Expeditionsreisen mit Bussen und Zeltübernachtung.** Solche Touren können tatsächlich so preiswert sein, dass sie in eigener Regie erst ab zwei Personen billiger werden.

Pauschalpreise bewerten

Ob sich der Preis eines Pauschalangebots in einem vertretbaren Rahmen bewegt, lässt sich überschlägig leicht ermitteln, wenn Sie die Kosten für einen individuellen Flug vom Gesamtpreis abziehen und die Differenz durch die tatsächliche Aufenthaltsdauer vor Ort in Tagen dividieren. So kostet z.B. eine Reise für zwei Personen in den Osten der USA (15 Tage vor Ort) mit einem namhaften Veranstalter etwa 11.000 DM, und dabei ist noch nicht einmal das Frühstück im Preis inbegriffen. Zieht man davon 1800 DM für die Flugtickets ab, so bleiben pro Tag etwa 613 DM übrig, und damit lassen sich die Ausgaben für einen Leihwagen und die Übernachtung (das Essen müssen Sie ja auch auf der Pauschaltour selbst bezahlen) sogar bei relativ hohen Ansprüchen bestreiten.

Das ständige enge Zusammenleben mit anderen Teilnehmern und die eingeschränkten Bedingungen erzeugen allerdings einen Gruppendruck, der nicht jedem schmeckt.

Am meisten können Sie auf selbstorganisierten Rundreisen mit wenigstens zwei Teilnehmern und mehr als drei Wochen Dauer sparen. Dann ist der Mietwagen nur noch halb so teuer und in vielen Ländern zahlt ein Pärchen für das Hotelzimmer kaum mehr als ein Einzelgänger.

Auch wenn Sie den Gedanken an eine Individualreise bisher weit von sich gewiesen haben, sollten Sie die Kosten für Flug, Unterkunft und Verpflegung zumindest einmal versuchsweise zusammenrechnen. Günstige Flüge kann Ihnen jedes Reisebüro anbieten, und Hotelpreise können Sie aktuellen Reiseführern oder dem Internet entnehmen. Reisebüros vermitteln leider nur teure Vertragshotels.

Auf eigene Faust?

▼ Zanskar, Nordindien: Gewebt wird im Freien.

Sprachprobleme

Oft hindert die Angst vor Verständigungsproblemen selbst couragierte Leute daran, die Organisation einer Reise selbst in die Hand zu nehmen. Unkenntnis der Landessprache ist tatsächlich ein Handicap und kann für lächerliche Situationen und ernsthafte Schwierigkeiten sorgen. Zumindest erschwert die Sprachbarriere menschliche Kontakte.

Trotzdem sollten Sie das Problem nicht überschätzen. Niemand wird erwarten, dass ein Tourist die Sprachen aller Länder beherrscht, die auf seinem Reiseplan stehen, ganz abgesehen davon, dass neben der Amtssprache oft noch regionale Sprachen und Dialekte gesprochen werden, die selbst Einheimischen nicht geläufig sind.

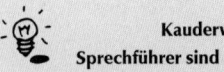

Kauderwelsch-Sprechführer sind anders

Anders als die meisten anderen Sprachführer ermöglichen die Bände dieser Reihe eine Verständigung von Anfang an. Eine auf das wesentliche reduzierte Grammatik und leichte Satzbeispiele werden mit reisepraktischem Vokabular kombiniert. Eine Wort-für-Wort-Übersetzung macht die Struktur der Sätze transparent, und reiseerfahrene Autoren sorgen für die Praxistauglichkeit. Kauderwelsch-Sprechführer gibt es zu rund 100 Sprachen der Welt. (siehe Anhang)

Es kostet aber wenig Mühe und ist eine kleine Geste der Höflichkeit, wenn Sie wenigstens „Guten Tag", „Auf Wiedersehen", „Bitte" und „Danke" in der Landessprache sagen können. Selbst wenn Sie alles falsch aussprechen, wird Ihr redliches Bemühen Sympathie wecken. Vielleicht löst es auch allgemeine Heiterkeit aus, und dann ist das Eis gebrochen.

Leider ist selbst mit guten Schulkenntnissen oft nicht viel anzufangen, denn gerade das auf Reisen wichtige Vokabular kommt im Unterricht nicht vor. Althergebrachte **Sprachführer** mit langen Wörterlisten helfen in der Praxis oft nicht viel. Es nutzt Ihnen gar nichts, wenn Sie einige Wörter und Redewendungen auswendig gelernt und an den Mann gebracht haben, wenn Ihnen die Antwort unverständ-

Internationale Verkehrssprachen

Englisch *wird in vielen Reiseländern gesprochen und ist schon lange zur internationalen Verständigungssprache avanciert. Durchsagen auf Flughäfen und Bahnhöfen, Wegweiser, Speisekarten und dergleichen sind oft nicht nur in der Landessprache, sondern auch in Englisch gehalten, und an der Rezeption besserer Hotels findet sich meist jemand, mit dem Sie sich verständigen können. Selbst Telefonansagen können Sie oft auch in Englisch abrufen. Für Reisezwecke hat sich mittlerweile eine Art Traveller-Englisch herausgebildet. Damit ist zwar keine vernünftige Unterhaltung möglich, aber es umfasst alle Ausdrücke und Redewendungen, die auf Reisen wichtig sind.*

Französisch *wird in den ehemaligen französischen Kolonien, d.h. in vielen Ländern Afrikas, auf einigen Inseln Westindiens und in Französisch-Polynesien gesprochen. In Vietnam, Kambodscha und Laos spielt Englisch mittlerweile die dominierende Rolle.*

Spanisch *spricht man in Südamerika mit Ausnahme von Brasilien. Mit Englisch ist dort nur wenig anzufangen. Selbst Gebildete beherrschen kaum Fremdsprachen, und einfache Leute können sich manchmal gar nicht vorstellen, dass es neben ihrer Muttersprache auch noch andere Sprachen gibt.*

Portugiesisch *wird außer in Brasilien nur noch in den ehemaligen Kolonien Angola, Mosambik und in Macao gesprochen.*

Auf eigene Faust?

lich bleibt. Sprachführer sind dann am sinnvollsten, wenn Sie zumindest über Basiskenntnisse verfügen, auf denen sich aufbauen lässt.

Bei Auseinandersetzungen mit Amtspersonen kann es bisweilen eine gute Strategie sein, wenn Sie alle Sprachkenntnisse sofort vergessen und nach einem Dolmetscher verlangen. Dann geraten Sie wenigstens nicht in Gefahr, sich durch missverständliche Bemerkungen in Schwierigkeiten zu bringen.

Wenn überhaupt **keine Verständigung möglich** ist, so sprechen Sie einfach deutsch mit den gleichen Worten, die Sie auch gegenüber einem Landsmann gebrauchen würden. Viele Menschen haben ein sehr feines Gefühl für Tonfall und Körpersprache, verstehen mehr als man glaubt und merken sehr wohl, ob man sie höflich anspricht oder veralbert. Verkneifen Sie sich deshalb abfällige Bemerkungen. Wenn Sie Pech haben, hat Ihr Gegenüber vielleicht sogar jedes Wort verstanden, denn Deutschkenntnisse sind weiter verbreitet als man annimmt.

Auf eigene Faust!

▲ Wenn gar keine
Verständigung
möglich ist,
sprechen Sie
einfach in Deutsch.

0467 Abb.: hs

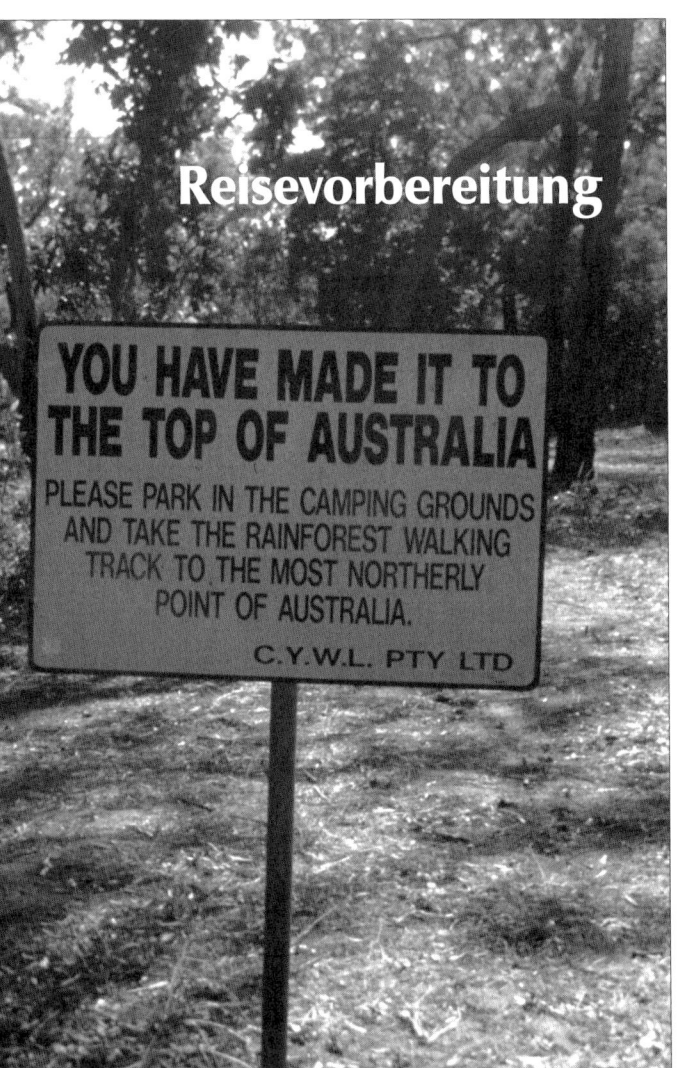

Reiseform

Kompromisse

Zwischen organisierten und selbst zusammenge-
stellten Reisen gibt es durchaus akzeptable Kom-
promisse wie z.B. fest gebuchte **Kombinationen
aus Mietwagen und Hotel.** Am Ziel erwartet Sie
ein Wagen, und Sie müssen nur am Abend bei
Ihrem gebuchten Quartier vorfahren. Alle dazwi-
schenliegenden Unternehmungen sind Ihrer eigenen Initiative überlassen. Solche Kombinationen
werden von vielen Reiseveranstaltern angeboten,
führen durch interessante Gegenden, und das müh-
same Zusammenklauben von Informationen entfällt. Touren dieser Art sind Katalogware, die es im
Reisebüro von der Stange gibt.

Eine zweite Möglichkeit sind **Stopover-Programme.** Dabei buchen Sie den Flug (das kann auch eine Weltumrundung sein) und unterbrechen an interessanten Stationen (z.B. in Darwin, in San Francisco usw.). Dort werden Ihnen Hotels zu ermäßig-
ten Preisen angeboten, und oft sind die teuren
Transfers vom Flughafen zum Hotel, Stadtrundfahr-
ten und dergleichen im Preis inbegriffen. Stopover-
Programme sind vor allem für Länder geeignet, in
denen individuelle Rundreisen problematisch sind.

Das bedeutet aber nicht, dass Sie nur Städte mit
internationalem Flughafen zu Gesicht bekommen.
An Ort und Stelle können Sie den Aufenthalt natürlich durch vorgebuchte oder selbst organisierte Unternehmungen ergänzen. Buchen Sie in Darwin einen Leihwagen für eine Rundreise durch die North-
ern Territories, und von San Francisco aus ist es
nicht weit in die schönsten Nationalparks der USA.

Welche Möglichkeiten sich eröffnen, hängt eigentlich nur von einer qualifizierten Beratung ab,
und Stopover-Programme lassen Sie sich besser

durch ein gutes Reisebüro zusammenstellen, denn die Regeln, was dabei machbar ist und was nicht, sind für einen Laien nur schwer zu durchschauen.

Leider sind Stopover-Programme keine Katalogware, und es muss sich ein Mitarbeiter finden, der willens und in der Lage ist, sich mit der Zusammenstellung eines individuellen Arrangements zu befassen. Lassen Sie sich Angebote von mehreren Reisebüros machen, auch wenn dafür Beratungsgebühren fällig werden. Vergleichen Sie die Preise und überprüfen Sie das ausgearbeitete Programm Punkt für Punkt auf Richtigkeit. Gute Ansprechpartner für Individualisten sind übrigens die Reisebüros Karawane und Explorer.

Auf eigene Faust

Reisen ganz in eigener Regie sind zwar für viele Menschen ein Traum, aber vor der Realisierung schrecken viele zurück. Wer nur organisierte Touren kennt, muss auf einmal mit allen Schwierigkeiten allein fertigwerden, und die einfachsten Dinge des täglichen Lebens werden zum Problem. Falls Sie bisher nur nach Oberbayern in die Sommerfrische gefahren sind, so sollten Sie sich nicht als erstes eine Reise in die Mongolei vornehmen, nur weil Sie „schon immer mal hinwollten".

Machen Sie sich klar, ob Sie bereit sind, die unweigerlich damit verbundenen Misshelligkeiten in Kauf zu nehmen. Nichts ist frustrierender, als wenn Sie mit viel Aufwand Informationen sammeln und nächtelang über Karten brüten, nur um schließlich zu der Erkenntnis zu gelangen, dass Sie sich mit dem Projekt übernommen haben. Wer einmal Blut geleckt hat, wird aber oft zum „Wiederholungstäter", und mit der Übung kommt auch die Erfahrung. Schließlich klappt es vielleicht sogar mit der Reise in die Mongolei.

Reisevorbereitung

Verschaffen Sie sich von Ihrem Reiseziel **ein realistisches Bild** (siehe Kapitel „Informationen"). Wichtig ist Literatur neuesten Datums, fünf Jahre alte Bücher sind schon hoffnungslos überholt. Die Lektüre alter Reiseberichte ist zwar unterhaltsam, vermittelt aber nur allzu oft einen schiefen Eindruck.

Steht das Ziel fest, so müssen Sie sich entscheiden, mit welchem **Verkehrsmittel** es am einfachsten zu erreichen ist, wie Sie sich im Land fortbewegen wollen, und wie Ihre **Unterkunft** aussehen soll. Wenn Sie weniger an der Landschaft als an Städten und eng umrissenen touristischen Zentren interessiert sind, so ist ein Leihwagen überflüssig, und Flugzeug, Bus oder Bahn sind die bessere Lösung. Bei Bedarf können Sie an Ort und Stelle immer noch für ein paar Tage einen Wagen mieten oder sich mit öffentlichen Verkehrsmitteln oder Taxen (fast überall preiswerter als bei uns) ans Ziel bringen lassen. Ausführlich siehe Kapitel „Verkehrsmittel".

In manchen Ländern sind interessante Ziele und beeindruckende Landschaften nur auf schwierigen Wegen zu erreichen. Ziehen Sie Erkundigungen über riskante Strecken ein und informieren Sie sich über die **Sicherheitslage.** Entscheiden Sie erst dann, ob sich das Risiko lohnt. Oft ist es aber möglich, die Reiseroute der persönlichen Risikobereitschaft anzupassen, und die südafrikanischen Staaten oder Australien können Sie auf sicheren Asphaltstraßen ebenso erkunden wie auf Busch-

> **Psychologisch einstimmen**
>
> *Planen Sie von vornherein einfachere Alternativen ein, wenn sich die geplante Tour als zu schwierig erweist. Sie sind keineswegs moralisch dazu verpflichtet, sich sklavisch an Ihr ursprüngliches Konzept zu halten. Allein das Bewusstsein, auch an Ort und Stelle noch „kneifen" zu können, vermittelt ein Gefühl der Sicherheit, und je mehr Flexibilität Sie sich selbst zugestehen, desto wahrscheinlicher wird Ihre Reise ein Erfolg. Eine allgemeine Übellaunigkeit vor dem Start („bin ich eigentlich schwachsinnig") ist dagegen normal, und auch erfahrene Globetrotter bleiben davon nicht verschont.*

pfaden. Gehen Sie im Zweifelsfall auf Nummer sicher, auch wenn Sie dadurch vielleicht auf manches Erlebnis verzichten müssen. Was bleibt, ist immer noch sehenswert.

Wenn Sie sich für eine Rundreise mit dem Wagen entschieden haben, so stellen Sie eine Liste von allen Orten und Landstrichen zusammen, die Sie unbedingt sehen möchten, und prüfen Sie anhand der Landkarte, ob Ihre Wünsche in der zur Verfügung stehenden Zeit überhaupt realisierbar sind. Machen Sie sich für Ihre erste Reise einen genauen **Etappenplan.** Ob Sie sich hinterher daran halten, ist eine andere Frage.

Nehmen Sie sich aber nicht zuviel vor. Denken Sie bei der Planung daran, dass es in vielen Ländern je nach Jahreszeit spät hell und früh dunkel wird und dass Ihnen deshalb nicht viel Zeit für die Strecke übrigbleibt. **Tagesetappen** von mehr als vierhundert Kilometern hält auch ein routinierter Fahrer kaum über längere Zeit durch. Immerhin müssen Sie am Abend noch nach einer Unterkunft suchen oder auf Campingtouren Zeit für das naturnahe Leben aufbringen. In dicht besiedelten Gegenden oder auf kurvenreichen Bergstraßen können zweihundert Kilometer pro Tag schon eine ansehnliche Leistung sein, und in besonders attraktiven Landstrichen werden Sie

Jet Lag

Denken Sie daran, dass Sie auf Fernreisen vom Flug übermüdet ankommen und dass Ihnen der Jet Lag" erheblich zu schaffen machen kann. Es gibt sogar Formeln, mit denen sich die nach einem Langstreckenflug nötige Erholungszeit berechnen lässt. Ein Flug bis Hongkong erfordert etwa zwei faule Tage bis zur vollständigen Regeneration. Reisen in Westrichtung gelten als weniger belastend.

- *Versuchen Sie im Flugzeug nicht zu schlafen, und gehen Sie am Ziel zur gleichen Zeit ins Bett wie zu Hause.*
- *Trinken Sie möglicht viel, aber seien Sie mit Alkoholika lieber etwas zurückhaltend.*
- *Nehmen Sie sich am ersten Tag ein Hotel, auch wenn eine Zeltreise geplant ist.*
- *Wer sich unmittelbar nach einem anstrengenden Flug hinters Steuer setzt, handelt grob fahrlässig.*
- *Auch am Ende der Reise kann ein bequemes Hotel als krönender Abschluss nichts schaden.*

Reisevorbereitung

kaum über hundert Kilometer hinauskommen, wenn Sie nicht an allen sehenswerten Orten mit Scheuklappen vorbeifahren und auf jeden Fotostopp verzichten wollen. Auf unbefestigten Straßen sinkt dagegen die Tagesleistung erfahrungsgemäß nur wenig ab, und Strecken, für die Reiseführer drei bis vier Tage ansetzen, sind oft schon in zwei Tagen zu bewältigen. Schlagen Sie auf die Gesamtstrecke mindestens 20 % auf, in der Praxis fährt man immer mehr als berechnet.

Planen Sie auch genügend Zeit für Besichtigungen und für **Ruhetage** ein, auf denen nichts als Faulenzen auf dem Programm steht, und die nur dazu da sind, Eindrücke zu verarbeiten und die Aufnahmefähigkeit für neue Erlebnisse wiederherzustellen.

Planen Sie Langstreckenfahrten so, dass Sie wenigstens **einen Tag vor dem Abflug am Zielort** ankommen. Die Vorstellung, durch einen unvorhergesehenen Aufenthalt möglicherweise den Flieger zu verpassen, wird auf Dauer die Tour vermiesen.

▼ Roadtrains im australischen Outback machen Pause

042fi Abb.: hs

Budgetplanung

Prüfen Sie, ob die Kosten in einem vernünftigen Verhältnis zum erwarteten Erlebnis stehen. Individualreisende können die Ausgaben zwar bis zu einem gewissen Grad beeinflussen, aber um die Kosten für Flug und Wagenmiete kommen auch sie nicht herum. Natürlich können Sie in ärmeren Ländern mit einem niedrigeren Preisniveau auf unverhältnismäßig teure Leistungen europäischen Zuschnitts verzichten und stattdessen in landesüblichen Unterkünften nächtigen und sich nach Landessitte verköstigen, aber auf kürzeren Touren mit einem hohen Anteil fixer Kosten lassen sich die Gesamtausgaben dadurch nur wenig beeinflussen. Erst auf Langzeitreisen mit preiswerten öffentlichen Verkehrsmitteln schlagen niedrigere Kosten für Unterkunft und Verpflegung wirklich zu Buche.

Die **Budgetplanung** sichert Sie gegen unangenehme Überraschungen ab und verhindert, dass Sie wesentliche Kostenfaktoren übersehen oder kleinere Ausgabeposten unberücksichtigt lassen, die sich letztlich auch zu erheblichen Beträgen summieren. Einige Ausgaben lassen sich zwar nur abschätzen, trotzdem schafft der Budgetplan einen Überblick. Erschrecken Sie aber nicht über die Endsumme. Trösten Sie sich damit, dass viele Pauschaltouristen im Urlaub mehr ausgeben. Es fällt ihnen nur nicht auf, weil sie wohlweislich auf eine Buchführung verzichten.

Die Ausgaben für die **Anfahrt zum Flughafen,** den **Flug,** die **Wagenmiete, für Impfungen, Visumgebühren und Versicherungen** können Sie als bekannte Posten eintragen. Für einen gut ausgestatteten **Verbands- und Medizinkasten** müssen Sie je nach Reisestil und Reiseziel etwa 80-200 Euro ausgeben. Wenn Sie den eigenen Autoverbandskasten anzapfen können, lässt sich einiges sparen.

Checkliste Budgetplanung

☐ *Impfungen* .... €/DM
☐ *Versicherungen* .... €/DM
☐ *Visumgebühren* .... €/DM
☐ *Medikamente* .... €/DM
☐ *Flug + Flughafengebühr* .... €/DM
☐ *Anfahrt zum Flughafen* .... €/DM
☐ *Öffentliche Verkehrsmittel* .... €/DM
☐ *Wagenmiete inkl. Versicherungen* .... €/DM
☐ *Benzinkosten* .... €/DM
☐ *Campingplatzgebühren* .... €/DM
☐ *Hotel und Trinkgelder* ....·€/DM
☐ *Verpflegung* .... €/DM
☐ *Eintrittskarten* .... €/DM

Die Kosten für **öffentliche Verkehrsmittel und die Benzinpreise** können Sie jedem guten Reiseführer entnehmen, und wenn Sie bei einem Mietwagen von einem Verbrauch von 12 Litern/100 km ausgehen, so liegen Sie auf der sicheren Seite. Nur bei sehr großen Campern oder schweren Geländewagen ist mit einem höheren Treibstoffverbrauch zu rechnen.

Die Preise für **Übernachtungen auf dem Campingplatz** differieren zwar von Land zu Land erheblich, aber die Zeiten, da man es sich noch für fünf Mark auf einer Wiese bequem machen konnte, sind vorbei. Die Gebühren für Europa, Nordafrika und die Türkei stehen im ADAC-Führer, Angaben zu außereuropäischen Ländern liefern Reiseführer. Gibt es gar keine Anhaltspunkte, so können Sie im Mittel 13 Euro pro Nacht veranschlagen. Vielleicht kostet Sie der Platz im Einzelfall nur 5 Euro, aber auch 30 Euro sind nichts Ungewöhnliches.

Am schwersten sind die **Hotelkosten** abzuschätzen. Preise aus dem Reisebüro sind kein Maßstab, denn Reisebüros vermitteln nur teure Unterkünfte. Die verlässlichsten Informationen liefern Individualreiseführer, aber auch über das Internet können Sie sich einen Überblick verschaffen. Die dort genannten Preise sind übrigens keineswegs immer niedriger, sondern manchmal auch deutlich höher als vor Ort. Schlichtere Hotels haben häufig noch keine Homepage. Denken Sie bei Ihrer Kostenschätzung daran, dass in den meisten angelsächsischen Ländern zwei oder sogar drei Personen praktisch zum gleichen Preis übernachten wie ein Einzelgänger.

Ein variabler Posten ist die **Verpflegung.** In manchen Ländern lassen sich die Verpflegungskosten niedrig halten, wenn Sie auf Leistungen mitteleuropäischen Zuschnitts verzichten. Ob das immer ratsam ist, sei dahingestellt. Überall sonst können Sie von Lebensmittel- und Restaurantpreisen ausgehen, die etwa den unseren entsprechen, und als voraussichtliche Kosten setzen Sie am besten einen Betrag an, der auch bei uns zum Leben ausreicht.

Eintrittspreise für Besichtigungen können sehr zu Buche schlagen. Zwar sind die „Besichtigungsgewohnheiten" individuell verschieden, aber 150 Euro pro Person müssen Sie schon einkalkulieren. Kaum ein Nationalpark ist umsonst, und für den Eintritt können 5-100 Euro (in Worten: einhundert! Euro) fällig werden.

Wenn Sie alles zusammengerechnet haben, so versehen Sie die geschätzten Kosten vorsichtshalber mit einem **Sicherheitszuschlag** von 30 %. Erfahrungsgemäß gibt man mehr aus als geplant.

Reisevorbereitung

Informationsquellen

Die besten Informationen liefern immer noch **Reiseführer** neuesten Erscheinungsdatums, und mehrere Führer unterschiedlicher Machart sind besser als einer. Je nach Zielgruppe und Anspruch unterscheiden sich die Reiseführer-Reihen stark voneinander (siehe Exkurs).

Auf Reisethemen spezialisierte **Zeitschriften** (z.B. GLOBO, Geo) liefern viele Anregungen für die Auswahl eines Reiseziels und berücksichtigen auch aktuelle Entwicklungen. Meist haben sie Themenschwerpunkte wie luxuriöse Reisen oder Abenteuertouren, und in guten Zeitschriftenhandlungen wird sich immer ein Publikationsorgan finden, das Ihrem eigenen Reisestil entspricht.

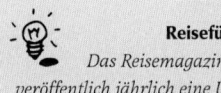

Reiseführertest
Das Reisemagazin GLOBO veröffentlicht jährlich eine Übersicht über die wichtigsten Reiseführer-Reihen und bewertet ihren Inhalt, Aufbau und Gestaltung.

Eine weit überschätzte Informationsquelle sind dagegen **Fremdenverkehrsämter.** Eine Anfrage schadet zwar nichts, aber das Ergebnis ist meist mager. Mehr als Hotelverzeichnisse und Kurzbeschreibungen besonders teurer Touristikzentren dürfen Sie nicht erwarten. Sind ausländische Touristen noch selten, so gehen die Informationen kaum über das hinaus, was jeder Interessent mit fundierter Allgemeinbildung ohnehin schon weiß.

Auch den Weg ins **Reisebüro** können Sie sich sparen. Reisebüros verkaufen Pauschalarrangements nach Katalog. Darüber hinausgehende Informationen sind nicht zu erwarten.

Im **Internet** bieten Einzelreisende, Globetrotter-Clubs, Reisezeitschriften und Verlage eine Fülle ungefilterter Informationen an, die erst einmal gesichtet und verarbeitet werden müssen. Es ist zweifelhaft, ob Ihnen damit besser gedient ist als mit einem

Reiseführer-Typen

Kunst und Kulturführer *(z.B. DuMont) wenden sich bevorzugt an den pauschal reisenden Bildungsbürger, Informationen für den Individualisten kommen dabei zu kurz. Führer dieses Typs lassen leider bisweilen jede Wertung von Sehenswürdigkeiten (sehr sehenswert, kann man streichen) vermissen, und kulturell oder geschichtlich bedeutsame Orte werden auch dann noch hochgespielt, wenn nur noch ein paar nichtssagende Trümmer zu sehen sind. Dafür vermitteln sie aber kulturelles Hintergrundwissen und sind meist gut illustriert.*

*Der zweite Typ (z.B. Reise Know-How) ist ganz auf die Bedürfnisse des **Individualisten** zugeschnitten und bietet eine imponierende Fülle von Informationen. Jeder irgendwie erwähnenswerte Ort ist mit einem Stadtplan und Angaben zu Verkehrsverbindungen für die Weiterreise vertreten. Museen, Hotels, Unterkünfte, Campingplätze, Reiseveranstalter, Banken, Wechselstellen, empfehlenswerte Restaurants und Diskotheken sind mit Öffnungszeit, Telefonnummer und Preis verzeichnet. Diese Detailtreue gibt natürlich den zum Redaktionsschluss gültigen Stand wieder. Auch wenn die Bücher guter Reihen mindestens alle zwei Jahre überarbeitet werden, können in der Zwischenzeit manche Veränderungen eingetreten sein. Den Reisenden darf der Informationsreichtum deshalb nicht in trügerischer Sicherheit wiegen.*

*Bei den **Routenführern** (z.B. Vista Point) liegt der Schwerpunkt auf der genauen Beschreibung lohnender Reiserouten in gut erschlossenen Regionen. Zielgruppe sind Reisende mit eigenem Fahrzeug. Die Hinweise auf Exkursionen, Sehenswürdigkeiten, Unterkünfte oder gute Lokale sind kurz und übersichtlich. Über Wege abseits gebahnter Touristenpfade ist aber nur wenig zu erfahren, und Abenteurer kommen kaum auf ihre Kosten. Führer dieses Typs ersparen viel Arbeit bei der Vorbereitung einer Tour und sind gerade für Neulinge gute Planungsgrundlagen.*

Reisevorbereitung

klassischen Reiseführer. Eine Antwort auf sehr spezielle Fragen, z.B. nach Strecken, die in keinem Führer beschrieben werden, kann man aber nur über das Internet bekommen. Darüber hinaus empfiehlt es sich, vor einer Reise die aktuellsten Informationen im Internet abzurufen.

Vor den Tipps so genannter **Landeskenner** ist dringend zu warnen. Oft kennen sie nur ihre unmittelbare Umgebung und wissen über die Verhältnisse im Land weniger Bescheid als ein gut informierter Tourist. Schwierigkeiten werden bagatellisiert, weil sich der Landeskenner nicht mehr in die Situation des Neulings versetzen kann, oder hochgespielt, um sich wichtig zu machen. Nur von Reisenden mit vergleichbaren Interessen kann man brauchbare Auskünfte erwarten.

Eine gute Informationsquelle sind **Landkarten,** auf denen Sehenswürdigkeiten ebenso wie Campingplätze und Einödhotels verzeichnet und landschaftlich besonders reizvolle Strecken markiert sind. In der Regel werden Karten von Fernreisezielen seltener aktualisiert als Reiseführer. Deshalb sollte den touristischen Angaben eine gute Portion Skepsis entgegengebracht werden.

Dringend zu warnen ist vor Landkarten abgelegener Gegenden, die von der Regierung oder vom Tourismusministerium herausgegeben werden und ahnungslosen Reisenden eine unproblematische Tour vorgaukeln. Solche Karten sind Ausdruck eines Wunschdenkens und haben mit der Realität oft wenig zu tun. Kaum erkennbare Trampelpfade werden

---

Landkarten interpretieren

Angaben zum Straßenzustand (asphaltiert, nicht asphaltiert, Allwetterstraße, nur mit Geländewagen befahrbar, besonders schwierige oder gefährliche Strecke) sind für Selbstfahrer wichtiger als ein großer Maßstab. Aber auch die besten Karten müssen Sie manchmal zwischen den Zeilen lesen. So erwartet man z.B. von einer als „track" (engl. Piste) eingezeichneten Strecke, dass sie einen Geländewagen erfordert, obwohl vielleicht auch ein robuster PKW genügt. Findet sich dagegen der Vermerk „four wheel drive only", so können Sie davon ausgehen, dass die Fahrt auch für erfahrene Offroad-Fahrer eine Herausforderung ist.

zu Hauptstraßen hochstilisiert, und die eingezeichneten Brücken sind vielleicht noch nicht einmal aus dem Planungsstadium heraus.

Je weniger ein Land touristisch erschlossen ist, desto schwerer sind genaue Karten zu bekommen, und eine zeitraubende Odyssee durch Buchhandlungen, Spezialverlage und Ausrüsterläden ist durchaus normal. Im Anhang sind einige Spezialbuchhandlungen für Kartenmaterial aufgeführt.

Ich würde in jedem Fall raten, sich am Ziel etwas Zeit zu nehmen und im Buchhandel, an Tankstellen oder beim lokalen Automobilclub nach geeigneten Karten zu fragen.

Literaturtipp
Der Praxis-Führer „Richtig Kartenlesen" von Wolfram Schwieder hilft Einsteigern sowohl bei der Auswahl und Beschaffung der angemessenen Landkarten als auch bei der richtigen Interpretation und Benutzung.
ISBN 3-89416-753-X

Reisevorbereitung

Sicherheitslage

Informationen über die Sicherheitslage

Die persönliche Sicherheit ist in den letzten Jahren immer mehr zum Problem und zu einem wichtigen Gesichtspunkt bei der Auswahl eines Reiseziels geworden. Viele Länder, die man vor Jahren noch bedenkenlos bereisen konnte, sind heute ein unkalkulierbares Risiko, und die Zeiten, da Touristen als sakrosankt galten und niemals behelligt wurden, sind endgültig vorbei. Hauptprobleme sind politische Spannungen, Grenzkonflikte, innere Unruhen und nicht zuletzt eine ausufernde Kriminalität.

Allerdings ist das Sicherheitsbedürfnis des Einzelnen sehr unterschiedlich ausgeprägt. Eine objektive Beurteilung der Sicherheitslage, die jeden zufriedenstellt, ist deshalb kaum möglich. Hinzu kommt, dass sich die Situation in einem Land von einem Tag auf den anderen ändern kann. Schließlich gibt es Länder wie Indien, die man gefahrlos bereisen kann, wenn man sich von bekannten Krisenherden wie Kaschmir fernhält.

Quellen für Sicherheitsinformationen

Einen aktuellen Überblick über die Sicherheitslage im gewählten Reiseziel zu bekommen ist manchmal nicht leicht.

Im **Reisebüro** wird man Sie kaum darauf aufmerksam machen, dass Sie gerade im Begriff sind, eine Tour in einen Unruheherd zu buchen. Vor allem dürfen Sie aus dem Angebot organisierter Reisen nicht den Schluss ziehen, dass Sie auch als Alleinreisender sicher wären. Manche Veranstalter führen nämlich Rundreisen auch noch dann durch, wenn es die Verhältnisse eigentlich nicht mehr zulassen, und viele Länder wie Kenia sind nur deshalb noch nicht von der touristischen Landkarte verschwunden, weil Touristen in mehr oder minder gut gesicherten Gettos untergebracht werden. Die Ereignisse der Vergangenheit haben aber gezeigt, dass auch solche touristischen Exklaven und selbst Kreuzfahrtschiffe keine Sicherheitsgarantie mehr sind.

Gute Individual-Reiseführer verdeutlichen die Sicherheitsprobleme und geben Verhaltenstipps. Doch kann sich die Situation seit ihrem Erscheinen grundlegend verändert haben.

Medienberichte über gut verlaufene Fernreisen in unsichere Länder sind keine Basis für eigene Pläne. Entweder stammen sie aus friedlichen Zeiten, oder die Autoren sind bewusst ein persönliches Risiko eingegangen.

Auch die Erzählungen **passionierter Globetrotter** sind mit Vorsicht zu genießen. Sind sie selbst mit

Lagezentrum des Auswärtigen Amtes

Ganz offiziell können und sollten Sie sich beim Lagezentrum des Auswärtigen Amtes (Telefon: 01888/17-0, Fax: /17-3402, Internet: www.auswaertiges-amt.de) nach der augenblicklichen Situation erkundigen, wenn Sie über Ihr Zielgebiet nichts wissen. Warnungen des Auswärtigen Amtes sind sehr ernst zu nehmen, und wenn sie offiziell ausgesprochen werden, können Sie sogar von einer Pauschalreise ohne Stornogebühren zurücktreten.

viel Glück ungeschoren davongekommen, so pflegen sie Gefahren zu bagatellisieren.

Auch **„Landeskenner"** sind eine zweifelhafte Informationsquelle. Oft sind sie in ihr Land vernarrt und schätzen die Probleme für Uneingeweihte zu gering ein.

Einheimische neigen dagegen wieder dazu, die Sicherheitslage in ihrem Heimatland zu negativ zu sehen.

Sichere und unsichere Länder

In der folgenden Übersicht wird von solchen Ländern abgeraten, in denen selbstorganisierte Touren zurzeit mit einem unvertretbaren Risiko verbunden sind. Manche Gegenden sind „notorisch" unsicher und selbst in Perioden wirtschaftlicher und politischer Stabilität gefährlich.

Als mögliche Reiseziele werden nur Länder eingestuft, über die nichts Nachteiliges bekannt ist und die, zumindest im Augenblick, auch für unerfahrene Reisende in Betracht kommen.

Nicht ausdrücklich erwähnt werden Länder, die zwar nicht gefährlich sind, in denen aber Ausländer immer noch als Exoten gelten. Solche Landstriche sind zwar für Individualisten ein Leckerbissen, aber dafür sind Einzelreisende sehr oft unerwünscht. Neulinge sollten sich Reisen in solche Gegenden gut überlegen. Pauschalreisenden werden Schwierigkeiten dieser Art meist gar nicht bewusst.

Afrika

In Afrika gelten zurzeit nur **Marokko, Tunesien, Namibia** (mit Ausnahme des Caprivi-Streifens, in dem es in der letzten Zeit zu zahlreichen brutalen Überfällen durch Banditen und marodierende Söldnertrupps gekommen ist) und **Botswana** als unbedenklich.

Abzuraten ist vor allem von Einzelreisen in den **Norden von Mali und Mauretanien,** nach **Algerien, Libyen, den Sudan, Guinea, Sierra Leone, Liberia, Nigeria, in den Tschad, die Republik Kongo, Angola** oder notorisch unsichere Ländern wie **Äthiopien, Erithrea und Somalia. Mosambik** ist zwar touristisch im Kommen, aber unsicher.

Simbabwe ist leider instabil geworden und kein Ziel mehr für Individualisten. Das ist deshalb besonders schade, weil das Land bei guter touristischer Infrastruktur viel Afrika auf engem Raum bietet. Ob sich die Lage in absehbarer Zeit wieder beruhigt, lässt sich kaum voraussagen.

Die Situation in der **Südafrikanischen Republik** ist trotz des boomenden Pauschaltourismus wegen der hohen Kriminalität unübersichtlich, und Einzelreisen sind selbst dann nicht ganz ohne Risiko, wenn man berüchtigte Großstädte wie Johannesburg meidet.

Kenia ist zwar ein Land mit sehenswerten Nationalparks und einem fantastischen Hinterland, gilt aber schon seit Jahren als gefährlich, und nur in den Touristengettos am Indischen Ozean sind Sie einigermaßen sicher. Sogar organisierte Touren waren schon öfter das Ziel von Überfällen. Auf der Straße zwischen Nairobi und Marsabit müssen sich Einzelreisende aus Sicherheitsgründen immer einem Konvoi mit militärischem Begleitschutz anschließen.

Individuelle Reisen nach **Ägypten** waren wegen entnervender behördlicher Schikanen schon früher eine unerfreuliche Erfahrung und bergen immer noch ein Risiko.

Südamerika

Sichere Reiseländer in Südamerika sind **Argentinien, Chile, Uruguay, Paraguay** (wegen des weitverbreiteten Autoklaus mit Einschränkungen) und **Bolivien** (außerhalb der Coca-Anbaugebiete).

In der Wüste Namib (Namibia)

Reisevorbereitung

Auch Reisen nach **Peru** sind neuerdings wieder möglich. Unangenehm ist nur die Kleinkriminalität mit zahlreichen dreisten Diebstählen in den Haupttouristengegenden.

Von Reisen nach **Kolumbien** ist wegen der seit fast fünfzig Jahren andauernden Guerrillatätigkeit mit Sprengstoffanschlägen, Entführungen (im Durchschnitt hundert pro Monat) und grauenvollen Massakern dringend abzuraten, auch wenn es ein schönes und abwechslungsreiches Land mit liebenswürdiger Bevölkerung und guter touristischer Infrastruktur ist. Mit einer Änderung der Situation ist leider in absehbarer Zeit nicht zu rechnen.

Auch auf Reisen nach **Equador, Venezuela und Brasilien** ist Vorsicht geboten.

Mittelamerika
Die meisten **westindischen Inseln** einschließlich **Kuba** sind für den Tourismus erschlossen und gelten als relativ sicher. Nur **Haiti** sollten Sie vom Reiseplan streichen.

Auch **Mexiko** (vor allem die Provinz Chiapas und den notorisch unsicheren Nordwesten) und die Länder Mittelamerikas **(Guatemala, El Salvador und Nicaragua)** sollten Sie meiden. Die Kriminalität ist hoch, und wegelagernde Polizisten können die Tour zum Horrortrip werden lassen.

Nordamerika

Die **USA** und **Kanada** sind sicher. Zwar hat es in den USA schon öfter brutale Überfälle auf Touristen gegeben, aber diese Vorkommnisse darf man nicht überbewerten.

Naher Osten

Im Nahen Osten sind Reisende zurzeit nur in der westlichen und mittleren **Türkei, in Syrien, Jordanien** und den **Arabischen Emiraten** einigermaßen sicher.

Reisen in die notorisch unsichere **Osttürkei (Kurdistan)** waren auch früher nicht ungefährlich und sind zurzeit kein Thema. Auch vom **Iran** und dem **Jemen** ist abzuraten, und auf die Idee, den **Irak** oder **Afghanistan** zu besuchen, wird hoffentlich niemand kommen.

Asien

Indien und **Sri Lanka** kann man bereisen, solange man sich von Krisenherden wie Kaschmir oder dem Norden und Osten Sri Lankas fernhält.

Selbst das früher sehr sichere **Nepal** gilt mittlerweile als nicht mehr ganz ungefährlich. **Pakistan** ist kein Land für individuelle Touren.

In Ostasien sind für den Neuling **Japan, Thailand, Laos, Malaysia** (nur die Halbinsel Malakka), **Hongkong, Macao** und **Singapur** geeignet.

Die früher gerade bei Individualisten sehr beliebten **indonesischen Inseln** sollten Sie vorläufig vom Reiseplan streichen. Die Ereignisse der letzten Zeit haben gezeigt, dass selbst Touristenzentren wie Lombok von Unruhen betroffen sein können.

Myanmar und Kambodscha sind schwierig zu bereisen. **Vietnam** kommt eventuell auch für selbstorganisierte Touren in Betracht.

Der Süden der **Philippinen** ist extrem gefährlich, aber auch in den übrigen Landesteilen ist die Kriminalität hoch.

Australien, Neuseeland, Südsee

Ideale Reiseländer sind Australien und Neuseeland. Auch viele Südseeinseln sind für Individualisten geeignet. Aber auch dort herrscht nicht immer himmlischer Frieden, wie die Unruhen auf den Salomonen und den Fidschi-Inseln gezeigt haben.

Das Quartier

Die Unterkunftsmöglichkeiten reichen vom Zelt bis zum Luxushotel, und wer es sich leisten kann, sollte beide Quartiere in buntem Wechsel nutzen. Erst Kontrastprogramme machen eine Reise reizvoll.

Zelten

Auch wer für **Zelte** bisher nur ein verächtliches Naserümpfen übrig hatte, sollte offen für eine neue Erfahrung sein. In Europa sind zwar die von Dauercampern mit Vorgarten und Gartenzwerg blockierten Campingplätze keine Offenbarung mehr, aber in Übersee gibt es durchaus noch Landstriche, wo ein paar Tage im Zelt schöne Erlebnisse bieten können. Heute ist Zelten jedenfalls nicht mehr zwangsläufig mit Rheumatismus oder einem herzhaften Schnupfen gleichzusetzen, und im Gegensatz zu früher gibt es perfekte Ausrüstungen für jeden Zweck zu durchaus erschwinglichen Preisen.

Wer allerdings glaubt, er könnte abends auf dem Campingplatz aufkreuzen und in Ruhe sein Zelt aufstellen oder seinen Camper parken, der hat sich geirrt. In der Saison sind viele Plätze überfüllt, und der Versuch, an der Küste, in Hochgebirgen, in der Nachbarschaft interessanter Städte oder in schönen Gegenden im Binnenland ohne langfristige Voranmeldung einen Platz zu finden, gleicht einem Lotteriespiel. Viele Plätze sind von Dauercampern blockiert und bieten Reisenden nur noch wenig Platz. Außerhalb der Saison sind dagegen auch angeblich ganzjährig geöffnete Plätze verwaist, es herrscht Grabesstille, und der Sanitärblock ist abgeschlossen. Nur zum Kassieren erscheint immer jemand.

Für eine Zeltreise kommen natürlich nur Gegenden mit einem dichten Campingplatznetz in Betracht. Das sind die Länder Europas mit Ausnahme der Staaten der ehemaligen Sowjetunion, Argentinien, Australien, Botswana, Chile, Israel, Namibia, Kanada, Marokko, Neuseeland, Südafrika, Simbabwe, die Türkei, Uruguay (nur an der Küste) und die Vereinigten Staaten.

Zwar wird auch über Plätze in Ägypten, Bolivien, Brasilien, Indien, Jordanien, Kenia, Paraguay, Peru, Syrien, Tunesien und vielen anderen Ländern berichtet, aber entweder ist das Netz sehr weitmaschig, oder das Zelten ist aus Sicherheitsgründen nicht zu empfehlen. Selbst wenn die

Campingführer

Der zuverlässigste Campingführer für Europa, die Türkei und Nordafrika wird vom ADAC herausgegeben. Die qualitative Einstufung der Plätze ist allerdings nicht immer nachvollziehbar. Augenscheinlich spielt bei der Beurteilung durch die Inspektoren mehr der Zustand der Sanitärblocks eine Rolle, landschaftliche Gestaltung und Einbindung in die Natur sind zweitrangig. Vom ADAC besonders empfohlene Plätze sollten Sie in der Saison unbedingt meiden, dank der Empfehlung sind sie regelmäßig knallvoll.

Informationen über Campingmöglichkeiten in Übersee liefern Führer, die auch die Interessen des Individualreisenden berücksichtigen (z.B. Lonely Planet). Leider werden darin nur Plätze in den Orten erwähnt, die auch im Führer vorkommen, alle anderen bleiben unberücksichtigt. Deshalb ist es besser, wenn Sie sich im Land einen eigenen Campingführer kaufen.

in Führern erwähnten Plätze tatsächlich existieren, was keineswegs immer der Fall ist, so entsprechen sie in der Regel nicht annähernd mitteleuropäischen Vorstellungen und bieten höchstens Wohnmobilen einen Stellplatz.

Wohnmobil

Die Textilvilla ist nicht jedermanns Sache. Eine Alternative ist ein Camper (Wohnmobil). Sie haben keine Mühe mit dem Auf- und Abbau des Zeltes, liegen windgeschützt und bleiben selbst bei einem tropischen Gewittersturm trocken.

Die naheliegende Annahme, dass man für den **Auf- und Abbau des Lagers** weniger Zeit braucht als ein routinierter Zeltler, trifft aber nur zu, wenn ein Einzelreisender ein Fahrzeug für zwei Personen und ein Pärchen eins für vier Personen bewohnt. Nur wenn sich Wohn- und Schlafbereich auf Dauer voneinander trennen lassen, entfällt der lästige und zeitraubende Umbau der Schlafstatt. Ideal sind Camper mit großem Alkoven. Dann ist abends das Bett schon gemacht, und Sie können direkt in den wärmenden Schlafsack kriechen. Wer seine Bequemlichkeit liebt und Zeit sparen muss, wählt deshalb den größten Camper, der gerade noch zu bezahlen ist. Nur der eigene **Sanitärbereich** mit einer unbequemen Dusche und Chemieklo ist überflüssig. Jeder Campingplatz verfügt über einen Sanitärblock, und die Zeit der Plumpsklos im Dickicht ist vorbei.

Auch Geländewagen werden als Wohnmobil angeboten und heißen dann **Buschcamper.** Sie sind

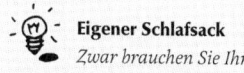

Eigener Schlafsack
Zwar brauchen Sie Ihr Gepäck nicht mehr mit einer Campingausrüstung zu belasten, aber einen guten Schlafsack sollten Sie trotzdem mitnehmen. Oft sind Mietcamper nur mit minderwertigen Schlafsäcken oder sogar nur mit ein paar Decken ausgestattet, und das ist bei kaltem Wetter zu wenig.

Reisevorbereitung

aber nur für zwei Personen geeignet und ziemlich unbequem. Ein Camper ist natürlich teurer als ein normaler PKW, aber wenn man die Kosten für eine Zeltausrüstung berücksichtigt, die vielleicht nie wieder gebraucht wird, so schrumpft die Preisdifferenz deutlich zusammen. Auch mit dem Wohnmobil sind Sie auf offizielle Campingplätze angewiesen. Selbst in der Pampa Argentiniens können Sie die Straße nur selten ohne Achs- und Federbruch verlassen, und nach einem geeigneten Stellplatz müssen Sie lange suchen. Übernachtungen am Straßenrand sind nicht überall ungefährlich.

Sparen mit eigenem Wohnmobil?

Wenn Sie für Urlaubsreisen in Europa an den Kauf eines Wohnmobils denken, so sollten Sie nicht nur den Anschaffungspreis, sondern auch die hohen laufenden Kosten berücksichtigen. Selbst wenn man sehr wohlwollend von nur 60.000 DM und einer langen Lebensdauer ausgeht, so sind die Kosten für Abschreibung, Verzinsung, Reparaturen, Steuer und Versicherung so hoch, dass Sie sich dafür jedes Jahr einen Urlaub in einem Hotel der gehobenen Klasse leisten könnten. Die Campingplatzgebühren sind dabei noch nicht einmal eingerechnet. Sparen können mit dem Wohnmobil nur Langzeitreisende, die Monate und Jahre unterwegs sind.

Bungalows

Eine Alternative sind die auf vielen Plätzen Ost- und Nordeuropas, aber auch in Australien und Neuseeland anzutreffenden Hütten (Bungalows, cabins) und festinstallierten Wohnwagen (on site vans). Sie kosten mehr als ein Stellplatz, sind aber noch preiswerter als ein Hotel. Ihre Zahl ist natürlich begrenzt, und Sie können sich nicht immer auf einen Übernachtungsplatz verlassen.

Jugendherbergen

Preiswerte Unterkünfte sind Jugendherbergen, von denen es immerhin ca. 5000 in 66 Ländern gibt. Die meisten Jugendherbergen nehmen auch nicht mehr nur Jugendliche auf. Voraussetzung ist immer ein internationaler Jugendherbergsausweis, den man beim ⬈Deutschen Jugendherbergswerk (DJH) erhält. Für Jugendliche bis 26 Jahre beträgt der Jahresbeitrag ca. 10 Euro. Personen ab 27 Jahre, Ehepaare, eheähnliche Gemeinschaften (Voraussetzung ist die gemeinsame Anschrift) und Familien mit minderjährigen Kindern zahlen ca. 18 Euro im Jahr. Das DJH vertreibt auch ein Verzeichnis der Jugendherbergen in Europa bzw. in Übersee.

DJH Service GmbH
Bismarckstraße 8
D-32756 Detmold
Tel.: (05231) 7401-0
Fax: (05231) 7401-74
E-Mail:
service@djh.de
Internet:
www.djh.de

Backpackerunterkünfte

Eine Alternative sind die besonders in Australien und Neuseeland weit verbreiteten Backpackerunterkünfte. Sie können im Einzelfall recht komfortabel sein, aber auch an ein schlecht organisiertes Flüchtlingslager erinnern. Ältere Erwachsene werden sich dort nicht immer wohlfühlen.

Privatquartiere

Privatquartiere (**„bed and breakfast"**) sind hauptsächlich in England, Schottland, Irland, den USA, Neuseeland, Südafrika und ganz vereinzelt auch in Australien anzutreffen. Mittlerweile haben sie das Odium von Billigunterkünften verloren und können teurer sein als ein preiswertes Hotel. Fragen Sie vorher unbedingt nach dem Preis.

In Indonesien gibt es in allen touristisch interessanten Gegenden eine Sonderform der Privatunterkunft, die so genannten **„Losman".** Sie bieten zwar keinen Komfort, sind aber in der Regel preiswert, sauber und auch für empfindliche Zeitgenossen durchaus eine Alternative zu billigen Hotels.

Motels

Die beste Unterkunft für Reisende, die Ungebundenheit lieben, sind Motels. In vielen Ländern fin-

Reisevorbereitung

den sie sich auch in kleinen Orten, die sonst nichts zu bieten haben. Motels haben den Vorteil, dass schon ihre Bauweise die Bedürfnisse des Autofahrers berücksichtigt. Im günstigsten Fall steht der Wagen vor der Zimmertür, zumindest aber gibt es einen großen Parkplatz oder eine geräumige Tiefgarage. Der Service ist allerdings oft eingeschränkt. Nicht allen Motels ist ein Restaurant angegliedert, und manchmal gibt es nicht einmal Frühstück. Dafür liegen die Preise aber auch deutlich unter denen für ein Hotel.

Trotzdem sollten Sie das angesteuerte Quartier erst einmal in Augenschein nehmen. Oft können die Zimmer trotz des niedrigeren Preises durchaus mit denen eines guten Hotels konkurrieren, es gibt aber auch Containermotels und solche, die sich in einem fortgeschrittenen Zustand des Verfalls befinden, an „Psycho" erinnern und ein Gefühl des Grauens auslösen. Leider verfügen nur wenige Länder wie z.B. die USA, Australien oder Kanada über ein so dichtes Netz von Motels, dass die Übernachtung auch in der Saison gesichert ist. Europa ist in dieser Hinsicht immer noch ein Entwicklungsland.

Hotels

Das klassische Hotel hat einige Vor- und Nachteile. Zunächst einmal ist es teurer (manchmal ist der Preis Verhandlungssache), dafür können Sie aber auch einen gewissen Service erwarten.

Der beste Abschluss einer Tagesetappe ist ein einfaches **Landhotel** mit umfriedetem Parkplatz. Der bietet zwar auch nur eine sehr begrenzte Sicherheit, aber in Ländern mit hoher Diebstahlskriminalität kann es schnell eine schlaflose Nacht bereiten, wenn man den bepackten Wagen auf der Straße stehen lassen muss. Genieren Sie sich nicht, nach dem Preis zu fragen. Zwar sind Landhotels in abgelegenen Gegenden meist recht preiswert, aber es gibt auch Ausnahmen. Englische, schottische oder irische Landhotels bieten bisweilen eine sehr exklusive Atmosphäre und können horrend teuer sein. In Südamerika zahlen Sie dagegen in Einzelfällen weniger als für den Campingplatz, und auch in kleineren Orten findet sich immer eine Unterkunft.

Wenn Sie Hotelübernachtungen planen, so müssen Sie beachten, dass in vielen Entwicklungsländern die zwischen Fünfsternehotel und Absteige angesiedelte mittlere Preisklasse fehlt. Dann haben Sie nur die Wahl, im Luxushotel zu logieren oder sich zu Tode zu ekeln.

Großstadthotels sind keine geeigneten Etappenziele. Wer schon einmal versucht hat, ohne einen guten Stadtplan und einen sehr kartenkundigen Beifahrer in einer geschäftigen Millionenstadt ein bestimmtes Hotel zu finden, wird den Versuch nur ungern wiederholen. Außerdem sind Großstadthotels teuer, und wenn sie überhaupt einen Parkplatz besitzen, so ist er meist klein.

In landschaftlich besonders attraktiven Gegenden angelegte **„Resorts"** sind Erholungsstätten, die dem Gast neben der Übernachtung viele Aktivitäten von der geführten Wanderung bis zum Golf-

Reisevorbereitung

◀ *Resort auf Ko Chang (Thailand)*

platz anbieten. Manchen Resorts ist auch ein Campingplatz angegliedert. Sie sind nicht billig und deshalb auch kein geeigneter Anlaufpunkt für eine Übernachtung an der Strecke. Ein Aufenthalt lohnt sich eigentlich nur dann, wenn Sie einige Tage Rast machen und die gebotenen Möglichkeiten auch tatsächlich nutzen wollen.

Ähnliches gilt für **Gästefarmen** in den USA, Australien, Namibia, Südafrika oder Argentinien, die nichts mit „Urlaub auf dem Bauernhof" zu tun haben. Gästefarmen bieten Unterkunft der gehobenen Klasse und sind entsprechend teuer.

Lodges sind Unterkünfte in besonders sehenswerten Naturparks. Oft werden sie unter Verwendung landestypischer Stilelemente erbaut, und es wird Wert darauf gelegt, dass sie sich möglichst nahtlos in ihre natürliche Umgebung einfügen. Das Spektrum reicht von der Zeltlodge bis zur Nobelherberge. Eine Zeltlodge erinnert aber nur noch sehr entfernt an Camping. Jedem Gast steht ein großes Hauszelt mit eigener Dusche und Toilette zur Verfügung, und der Service ist nicht schlechter als in einem Luxushotel. Der Aufenthalt in einer schönen Lodge ist zwar sehr kostspielig, aber ein Erlebnis, das Sie sich nicht entgehen lassen sollten. Danach können Sie es sich ja wieder auf einem staubigen Campingplatz zwischen Löwen und Hyänen bequem machen.

Die Hotelkategorien

Deutsche Hotels werden nach 19 Kriterien wie Zimmergröße, Ausstattung, Serviceangebot usw. in Kategorien von * (Tourist) bis ***** (Luxus) eingeteilt. Einige dieser Kriterien können wichtig sein (z.B. eine 24 Stunden geöffnete Rezeption, wenn man mit öffentlichen Verkehrsmitteln reist und mitten in der Nacht ankommt). Die Frage, ob das Hotel über einen Tagungsraum verfügt, ist dagegen von geringem Interesse.

Ausländische Hotels werden allerdings meist nach landestypischen Kriterien eingestuft, und die Qualität der Unterkunft entspricht dann nicht immer den Vorstellungen, die sich der unerfahrene Reisende macht. Wer tatsächlich alle Hotels vorbuchen möchte, sollte die Klassifizierung unberücksichtigt lassen, die Homepages der Hotels ansehen oder sich Kataloge seriöser Veranstalten verschaffen, in denen das Serviceangebot genau beschrieben ist.

Das liebe Geld

In welcher Form Geld mitnehmen?

Der Umgang mit und die Aufbewahrung von Geld und Papieren ist immer wieder Thema heißer Diskussionen. **Bargeld** ist leicht zu handhaben, aber bei Diebstahl verloren. In der Vergangenheit wurden DM-Scheine in manchen überseeischen Ländern mit Misstrauen betrachtet, und umtauschen konnte man sie dann nur auf internationalen Flughäfen. Wie der Euro akzeptiert wird ist erst noch herauszufinden.

Im Zweifelsfalle können Sie weltweit auf **US-Dollar** ausweichen. Den Dollar kennt jeder, er wird in fast allen Banken bzw. Wechselstuben angenommen, und unter Umständen können Sie damit wie mit Landeswährung bezahlen. Bei einem Eintausch werden die Wechselgebühren natürlich zweimal fällig, einmal zu Hause und einmal im Reiseland.

Fremdwährung in bar sollten Sie nur für die ersten Ausgaben mitnehmen, größere Summen wechseln Sie besser im Land. Weisen Sie beim Tausch in der Bank oder in Geschäften beschädigte oder beschriebene Geldscheine zurück. In manchen Ländern sind sie nirgendwo mehr loszuwerden. Nur wenn Sie eine Reise in ein Hartwährungsland wie die USA planen, kann es günstiger sein, wenn Sie sich die Devisen schon in Deutschland besorgen.

Reiseschecks (Traveller Cheques) waren früher die einzige Alternative zum Bargeld, kommen aber schleichend außer Gebrauch, selbst wenn bekannte Gesellschaften wie Thomas Cook oder American

> **Reserve**
> *Wohin die Reise auch führt, eine Reserve an Dollarnoten in kleiner Stückelung ist immer nützlich, schon weil Sie Flughafen- oder Visumgebühren manchmal in Dollar bezahlen können oder sogar müssen.*

Express dahinterstehen. Ihr Vorteil ist, dass Sie bei Diebstahl oder Verlust mit Ersatz rechnen können, wenn Sie die Kaufbestätigung aufgehoben und die Nummern der verbrauchten und unverbrauchten Schecks notiert haben. Das läuft natürlich nicht immer so problemlos ab, wie es uns die Werbung weismachen will. Deshalb sollten Sie sich möglichst nicht allein auf Traveller Cheques verlassen.

Sind die **Schecks in der Landeswährung** ausgestellt, bereitet der Umtausch in Bargeld kein Problem. In den USA und Kanada können Sie damit sogar in jedem großen Supermarkt wie mit Bargeld bezahlen. In manchen Ländern kann sich dagegen die Einlösung von Reiseschecks in Fremdwährung zu einer Aktion auswachsen, die den halben Tag in Anspruch nimmt und bis zu 10 % des eingelösten Betrages kostet. Oft werden Schecks nur von ganz bestimmten Banken angenommen, und manchmal lassen sie sich selbst in einer Großstadt nicht in Bargeld umsetzen.

Mit der **EC-Karte** ist nur in Europa etwas anzufangen, und der **Euroscheck** verschwindet wahrscheinlich bald ganz. Ab 2001 tritt an die Stelle der EC-Karte die **Maestro-Card.** Sie dürfte auch auf Fernreisen brauchbar sein, es ist aber zu erwarten, dass ihre Akzeptanz zunächst geringer ist als die gängiger Kreditkarten.

An die Stelle von Bargeld oder Reiseschecks tritt immer öfter die **Kreditkarte.** Ein nicht zu unterschätzender Vorteil ist, dass die Abrechnung zum Geschäftskurs und nicht zu dem ungünstigeren Sortenkurs erfolgt. Ihre Akzeptanz ist in vielen Ländern wesentlich größer als in Deutschland, und manchmal kann man damit sogar im Supermarkt einer afrikanischen Kleinstadt einkaufen. An Automaten und Bankschaltern (dort allerdings gegen hohe Gebühren) ist sie das Mittel der ersten Wahl zur Bargeldbeschaffung.

Die Kehrseite der Medaille ist, dass immer mehr Geschäftsleute die Kreditkartenzahlung mit einem Preisaufschlag belegen. Es kommt sogar vor, dass Geschäfte oder Tankstellen das Kreditkartenlogo im Schild führen, aber unter Vorwänden die Annahme verweigern, wenn es ans Bezahlen geht.

Leider sind Kreditkarten auch nicht sicher vor Missbrauch. Es wird deshalb immer wieder dazu geraten, die Karte nicht aus den Augen zu lassen, aber in der Praxis wird wohl kaum jemand den Kellner eines chinesischen Restaurants in Malaysia zur Kasse begleiten und dort überprüfen, ob bei der Abrechnung alles mit rechten Dingen zugeht.

Verlorene oder gestohlene Kreditkarten werden ersetzt (allerdings nicht so einfach, wie es die Werbung oft verspricht), und die Verluste bei Missbrauch sind gering.

Informieren Sie sich über Ihren **Kreditrahmen,** d.h. den Maximalbetrag, den Sie mit der Karte begleichen können. Ohne besondere Absprache ist er in der Regel deutlich niedriger als der Überziehungskredit, den Ihnen Ihre Bank einräumt.

Einen **Schwarzmarkt** für ausländische Währungen gibt es immer seltener. Schwarztausch ist gesetzwidrig, steht unter Strafe, und häufig wird der Reisende von gewerbsmäßigen Gaunern mit den abenteuerlichsten Tricks hereingelegt. Der mögliche Vorteil für den Touristen steht jedenfalls in keinem Verhältnis zum Risiko, und ein vernünftiger Mensch wird von illegalen Tauschaktionen die Finger lassen.

 Welche Kreditkarte?
Für den normalen Reisenden kommen nur Eurocard/Mastercard und Visa in Betracht. Die älteren Kreditkarten wie Diners Club oder American Express riechen zwar nach Exklusivität und sind in teuren Etablissements immer noch willkommen, aber weltweit ist ihre Akzeptanz schlecht.
Nehmen Sie grundsätzlich Karten von zwei verschiedenen Gesellschaften mit und verwahren Sie sie in verschiedenen Taschen. Dann machen Sie Verlust, Diebstahl oder ein Geldautomat, der die Karte nicht mehr ausspuckt, nicht gleich zahlungsunfähig.

Reisevorberei-

Versicherungen

Rundum-Sorglos-Paket?

Viele Touristen stürzen sich kritiklos auf jedes Versicherungsangebot, und die von Reisebüros empfohlenen „Pakete" führen oft zu sinnlosen Mehrfachversicherungen. Außerdem vermitteln Policen gegen alles und jedes ein Gefühl trügerischer Sicherheit. Selbstverständliche Vorsichtsmaßregeln werden außer Acht gelassen.

Sinnvoll sind nur Versicherungen, die nicht für jeden Bagatellschaden eintreten, dafür aber Kosten wie eine Krankenhausbehandlung in den USA übernehmen, die selbst für Gutbetuchte schwer verdauliche Brocken sind.

 Überprüfen Sie, welche Risiken durch schon bestehende Verträge abgedeckt sind. Erst wenn das geklärt ist, sollten Sie über zusätzliche Versicherungen nachdenken. Lesen Sie aber auch das Kleingedruckte. Oft stellt sich dabei heraus, dass viele Risiken, mit denen in der Praxis tatsächlich zu rechnen ist, vom Versicherungsschutz ausgenommen oder nur durch Zuschläge abzudecken sind.

Privathaftpflichtversicherung

Unverzichtbar ist eine international gültige **Privathaftpflichtversicherung.** Die Regressansprüche Geschädigter sind in vielen Ländern höher als bei uns und können selbst Millionäre überfordern. Überprüfen Sie deshalb, ob eine entsprechende Versicherung schon besteht und bis zu welcher Höhe Schäden gedeckt sind. Normalerweise gilt eine Privathaftpflichtversicherung weltweit, manchmal allerdings nur für einen bestimmten Zeitraum.

Auslandsreisekrankenversicherung

Besonders wichtig ist eine Krankenversicherung. Mitglieder der **gesetzlichen Krankenkassen und Ersatzkassen** können sich einen Auslandskrankenschein ausstellen lassen. Er gilt aber nur für maximal sechs Wochen im Kalenderjahr und auch das nur in Staaten, mit denen Sozialversicherungsabkommen abgeschlossen wurden. Das sind aber nicht einmal alle europäischen Länder, und außerhalb Europas können Sie mit dem Auslandskrankenschein nur in der Türkei, in Marokko und in Tunesien etwas anfangen. Nun kommt aber der Pferdefuß: Ausländische Ärzte sind keineswegs dazu verpflichtet, Sie auf Krankenschein zu behandeln und stellen oft Privatrechnungen aus, die von den Kassen nicht immer in voller Höhe erstattet werden. Von einem wirklichen Versicherungsschutz kann also keine Rede sein, und für gesetzlich Versicherte ist eine zusätzliche Reisekrankenversicherung ein Muss.

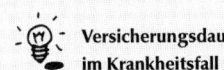

Versicherungsdauer im Krankheitsfall

Lassen Sie sich schriftlich bestätigen, dass die Kosten auch bei einer Überschreitung der versicherten Reisedauer bis zur Wiederherstellung der Transportfähigkeit übernommen werden, sonst bleiben Sie bei längerer Behandlung auf einem Teil der Ausgaben sitzen. Nur bei der privaten Reisekrankenversicherung ist der Rücktransport nach Deutschland (tot oder lebendig) eingeschlossen.

Privatkassen erstatten Behandlungskosten in Europa, weltweit dagegen nur für einen Zeitraum von maximal einem Monat. Ein Rücktransport aus dem Ausland wird in der Regel nicht bezahlt.

Wirklich absichern können Sie sich nur durch eine **private Auslandskrankenversicherung,** und in manchen Ländern ist sie für Touristen sogar Pflicht. Die Prämien sind bei einer Reisedauer von bis zu zwei Monaten (danach wird es teuer) mit weniger als 20 Euro moderat. Ihre Höhe ist aber vom Alter des Versicherten abhängig, manche Gesellschaften nehmen Antragsteller über 65 Jahre überhaupt

Reisevorberei-

nicht mehr auf, und Vorerkrankungen sind vom Versicherungsschutz ausgenommen. Wichtige Risiken sind also wieder nicht gedeckt. Eine Dauerpolice kostet kaum mehr als eine Kurzzeitversicherung, gilt aber für mehrere 40–60 Tage dauernde Reisen pro Jahr. Bei einer Police mit Vollschutztarif werden Ihre Ausgaben sofort und unabhängig von eventuellen Ansprüchen gegenüber privaten oder gesetzlichen Krankenkassen erstattet.

Um Ihre **Versicherungsansprüche geltend machen** zu können, sind einige Regeln zu beachten:

- Gleichgültig wie und wo Sie versichert sind, von sich aus dürfen Sie nichts (z.B. einen Rettungsflug) organisieren, und bei allen Unklarheiten müssen Sie sich zunächst über die Notrufnummer mit der Versicherung in Verbindung setzen.
- Auf Arztrechnungen muss der Name des behandelnden Arztes, des Patienten und die Diagnose angegeben sein. Rezepte müssen den Namen des Patienten, des Medikaments (am besten nicht den Präparatenamen, sondern die internationale Bezeichnung, den so genannten „generic name"),

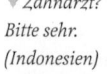

▼ Zahnarzt?
Bitte sehr.
(Indonesien)

0112fi Abb.: gu

den Preis sowie Unterschrift und Stempel des Apothekers enthalten. Unvollständige Unterlagen kosten Sie den Versicherungsschutz!

Reisegepäckversicherung

Die Reisegepäckversicherung gilt nur auf Auslandsreisen und ist zeitlich und örtlich beschränkt. Sie ist überflüssig, wenn Sie eine Hausratversicherung mit dem „Risiko der Außenversicherung" abgeschlossen haben, die auch für Verluste durch Raub oder Diebstahl im Urlaub eintritt. Der Verlust von Geld, Fahrkarten, Wertpapieren, Dokumenten und Urkunden ist aber niemals gedeckt, und Wertsachen (z.B. die Fotoausrüstung) werden nur zum Teil, in der Regel zur Hälfte, ersetzt. Teure Artikel müssen Sie deshalb mindestens zum doppelten Wert versichern. Große Risiken sind also wieder ausgeklammert, und ein geklautes T-Shirt können Sie auch selbst bezahlen. Über den Nutzen von Reisegepäckversicherungen kann man jedenfalls sehr geteilter Meinung sein.
Auch bei der Reisegepäckversicherung müssen einige **Spielregeln** beachtet werden:

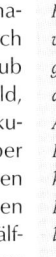

Verlorenes Fluggepäck

Fluggepäck kommt zwar recht oft verspätet an, geht aber nur selten ganz verloren. Bis zu welchem Wert der Schaden ersetzt wird, hängt unter Anderem von der Fluggesellschaft ab. Der Erstattungsbetrag beläuft sich auf höchstens etwa 27 Euro pro Kilo. Er kann aber auch deutlich darunter liegen, und für 20 kg Gepäck bekommen Sie unter Umständen noch nicht einmal einen neuen Koffer. Trifft das Gepäck verspätet ein, so haben Sie Anspruch auf die wichtigsten Utensilien für die erste Nacht und eventuell auf einen Vorschuss in Höhe von bis zu 250 Euro. Die Kosten für unumgängliche Ersatzkleidung werden zur Hälfte übernommen.

- Den Umfang des Schadens müssen Sie belegen. Das geht aber nur, wenn Sie alle Rechnungen aufgehoben und von besonders wertvollen Gegenständen Fotos gemacht haben.

- Jeden Schadensfall müssen Sie sofort der Polizei, dem Transportunternehmen, dem Hotel oder dem Reiseleiter melden und sich darüber eine schriftliche Bestätigung ausstellen lassen.
- Verwenden Sie viel Mühe auf die Formulierung des Schadenshergangs. Mit Fehlern schneiden Sie sich nur ins eigene Fleisch, denn die Versicherungsgesellschaft wird den Finger auf jede Einzelheit der Darstellung legen, die auf Fahrlässigkeit oder auf Umstände schließen lässt, unter denen sie sich um eine Zahlung drücken kann. Auch wenn die Gerichte in Streitfällen mittlerweile etwas kundenfreundlicher urteilen, müssen Sie als Versicherter glaubhaft machen, dass Sie alle zumutbaren Vorsichtsmaßregeln ergriffen haben, um Schäden zu vermeiden.

Ein besonderes Problem sind Schäden, die im Zusammenhang mit der Benutzung eines **Leihfahrzeugs** entstehen. Diese Fragen werden im Kapitel über Wagenmiete und Fahrzeugversicherungen gesondert besprochen.

Wer sein Fahrzeug per Schiff verfrachtet, und das gilt natürlich auch für Autofähren, sollte sich überlegen, ob nicht vielleicht eine **Fähr- bzw. Seetransportversicherung** ratsam ist, denn die Reedereien haften für Schäden am Fahrzeug nur mit lächerlichen Beträgen. Wer eine Vollkaskoversicherung abgeschlossen hat, ist zwar besser dran, aber er bleibt auf der Selbstbeteiligung sitzen, und der Schadenfreiheitsrabatt ist dahin.

Reiserücktrittskosten-Versicherung

Die Reiserücktrittskosten-Versicherung deckt die **Stornokosten,** wenn eine Reise nicht angetreten werden kann. Dabei werden Sie immer mit einer Selbstbeteiligung von mindestens 25 Euro zur Kasse gebeten. Wird eine Reise aus gesundheitlichen Gründen abgesagt, so beträgt die Selbstbeteiligung sogar bis zu 20 % des Reisepreises.

 Tritt der Versicherungsfall ein, so müssen Sie sofort stornieren und die Versicherungsgesellschaft unter Vorlage von Beweismitteln (z.B. ärztliches Attest) benachrichtigen.

Die Rücktrittskostenversicherung ist nicht mit der **Reiseabbruch-Versicherung** zu verwechseln, die gesondert abgeschlossen werden muss.

Triftige Gründe für Stornierung oder Abbruch sind Tod, schwere Krankheit oder schwerer Unfall des Versicherten oder eines nahen Angehörigen, Impfunverträglichkeit, Schwangerschaft oder erheblicher wirtschaftlicher Schaden durch Feuer oder Einbruch. Sie bekommen aber nichts erstattet, wenn bei Vertragsabschluss schon vorauszusehen war, dass Sie die Reise möglicherweise gar nicht antreten können. Auch Naturkatastrophen oder Unruhen im Reiseland rechtfertigen keinen Rücktritt, und Sie sind allein auf die Kulanz des Reiseveranstalters angewiesen, solange das Auswärtige Amt keine eindeutige Warnung ausspricht.

 Sicherungsschein
Nicht nur bei der Buchung einer kompletten Pauschalreise ist man gegen eine Insolvenz (Pleite) des Veranstalters abgesichert. Als „Pauschalreise" gilt nämlich jede Kombination zweier gleichwertiger Reiseleistungen, also beispielsweise bereits die kombinierte Buchung von Flug und Mietwagen.
Spätestens bei der ersten (An-)Zahlung muss der Veranstalter bzw. das Reisebüro dem Kunden deshalb einen Sicherungsschein aushändigen. Wenn ein Veranstalter diesen Sicherungsschein verweigert, kann man davon ausgehen, dass er gegen eine Pleite nicht versichert ist. Das muss kein Grund sein, die Reise nicht zu buchen, es schließt allerdings das Risiko mit ein, bereits bezahlte Reiseleistungen im Pleitefall nicht zu erhalten - beispielsweise den Rückflug …

Reisevorbereitung

Checkliste Reisegepäck

Die Checkliste braucht sich natürlich nicht an Handbüchern für Abenteuerreisende zu orientieren, auch wenn Ihnen Ihre Reise noch so abenteuerlich vorkommt. Was dort aufgelistet wird, ist nur für Leute gedacht, die sich in die absolute Wildnis begeben und damit rechnen müssen, tage- und wochenlang auf keinen Menschen zu treffen.

Vermeiden Sie zu viele **Gepäckstücke.** Als goldene Regel gilt, dass man nur so viele Gepäckstücke haben sollte, wie man selbst auf einmal tragen kann. Ein Koffer bzw. Reisetasche oder Rucksack und eine Flugtasche sind genug.

Ein fachgerecht gepackter **Rucksack** ist zwar ein ideales Gepäckstück, aber Rucksacktouristen gelten leider selbst dann als „Billigreisende", wenn sie die Goldene Kreditkarte in der Tasche haben. Von Hotelportiers werden sie mit Misstrauen beäugt, und Beamte betrachten sie als besonders dankbares Objekt für schikanöse Kontrollen.

Mieter eines Campers nehmen **statt Koffer besser Reisetaschen** oder Seesäcke mit. Koffer können während einer Fahrt auf schlechten Straßen im Wagen herumfliegen und die Einrichtung beschädigen. Reisetaschen ist auch Vorzug zu geben, wenn man mit öffentlichen Verkehrsmitteln reist. Eine Tasche lässt sich leichter verstauen und passt selbst noch in einen prall gefüllten Bus.

Nehmen Sie nur die Hälfte von dem mit, was Sie in der ersten Begeisterung für unerlässlich halten. Es ist eine alte Erfahrung, dass die meisten Dinge nur die Koffer verstopfen und niemals gebraucht werden. Außerdem gibt es auch in Übersee Geschäfte, wo man unbedingt notwendige Artikel nachkaufen kann. Niemand kann auf eine Reise von mehr als zwei Wochen soviel Kleidung mitnehmen, dass er bis ans Ende der Tour mit frischer Wäsche versorgt

Checkliste Reisegepäck

Kleidung

Was an Kleidung nötig ist, hängt natürlich von Reiseziel und Reisestil ab. Normalerweise genügen:

- ❑ *Unterwäsche*
- ❑ *Socken, dünn, Baumwolle oder Mischgewebe*
- ❑ *Trekkingsocken, Wolle*
- ❑ *T-Shirts bzw. Hemd, kurzarm*
- ❑ *Hemd, langarm mit Kragen*
- ❑ *Pullover für kalte Tage oder kühle Abende*
- ❑ *wind- und regendichte dicke Jacke (Goretex)*
- ❑ *Trekkingweste (wegen der vielen Taschen auch für den Normalreisenden empfehlenswert)*
- ❑ *Jeans*
- ❑ *lange Hosen*
- ❑ *Gürtel oder Hosenträger*
- ❑ *Badeschuhe*
- ❑ *Halbschuhe*
- ❑ *strapazierfähige Schuhe (vorher einlaufen!). Für Wildnistouren empfehle ich Buschstiefel aus dem Ausrüsterladen*
- ❑ *Kopfbedeckung gegen die Sonne (breitkrempiger Hut)*

Daunen-, Thermo- oder wasserfeste Kleidung ist nur unter sehr ungünstigen klimatischen Bedingungen nötig, mit denen der Normalreisende kaum konfrontiert wird.

Campingausrüstung

Beim Kauf einer „flugtauglichen" Campingausrüstung lassen Sie sich am besten in einem guten Ausrüsterladen beraten. Es genügen:

- ❑ *Einmannzelt oder*
- ❑ *Dreimannzelt (für zwei Personen), Doppeldach-kup-*

pel- oder -tonnenzelt, schlangen- und insektendicht
verschließbar, mit Häringen. Gewicht
maximal 3-4 kg.

- ❑ *Reißfeste Rettungsdecke zum Auslegen des Zeltes als*
  Schutz gegen Bodenkälte
- ❑ *Leichtluftmatratze oder besser*
- ❑ *Isoliermatte (lässt sich leider nur schlecht verpacken)*
- ❑ *Schlafsack, Synthetikfüllung, Stegnahtverarbeitung,*
  Temperaturbereich +10 bis -15 Grad, mit Kompressi-
  onssack zur besseren Verpackung
- ❑ *Gaskocher, Camping-Gas für Kartuschen*
- ❑ *Kochgeschirr: Topf, Teekessel, Pfanne, Teller,*
  Trinkbecher, Besteck (Edelstahl)
- ❑ *Dosenöffner*
- ❑ *stabiler Korkenzieher*
- ❑ *Geschirrtuch*
- ❑ *Trinkflasche*
- ❑ *Keramik-Wasserfilter (teuer, in Ländern mit ein-*
  wandfreier Wasserqualität überflüssig)
- ❑ *Entkeimungstabletten (Micropur)*
- ❑ *Taschenlampe, groß*

Kocher und Kochgeschirr sind übrigens nur auf Touren
in Busch und Wüste wirklich unentbehrlich. In Ländern
mit guter Versorgungslage ist Selbstverpflegung nicht
immer sinnvoll, weil Mahlzeiten in einfachen
Restaurants nur wenig zu Buche schlagen.

Den folgenden Kleinkram kauft man besser nach der
Ankunft am Ziel:

- ❑ *Brennstoff für den Kocher (Mitnahme im Flugzeug*
  streng verboten!)
- ❑ *Feuerzeug*
- ❑ *wasserfeste Streichhölzer*
- ❑ *Spülmittel*

- ❏ Topfschwamm
- ❏ Schuhpflegemittel
- ❏ Toilettenpapier

Hygieneartikel

- ❏ Seife
- ❏ Handtuch
- ❏ Zahnbürste
- ❏ Zahnpasta
- ❏ Kamm
- ❏ Rasierapparat, batteriebetrieben oder Nassrasierer
- ❏ Insektenschutzmittel
- ❏ Sonnenschutzmittel, hoher Lichtschutzfaktor
- ❏ Lippenschutz
- ❏ Monatshygiene

Sonstiges

- ❏ Taschenmesser, mit Korkenzieher und Dosenöffner
- ❏ Wecker
- ❏ Sonnenbrille
- ❏ Ersatzbrille (falls erforderlich)
- ❏ Adapter für elektrische Geräte (falls erforderlich)
- ❏ Sekundenkleber
- ❏ Nähzeug (nicht nur Nähseide und Ersatzknöpfe, sondern auch Ledernadeln und dicken, haltbaren Zwirn)
- ❏ kleine Schere
- ❏ Fernglas (nur für Tierbeobachtungen und auf einsamen Pisten, dann aber ein gutes Gerät mit Nachtsichteigenschaften)
- ❏ Foto- oder Videoausrüstung (unbedingt ein Skylightfilter mitnehmen. Filme besser zu Hause kaufen.)
- ❏ Schreibzeug
- ❏ Reiseführer
- ❏ Landkarten
- ❏ Kompass (nur auf Wildnistouren erforderlich. Lernen Sie aber vorher, damit umzugehen)

Reisevorbereitung

❏ *Wanderer in den USA oder in Kanada sollten für bärenreiche Gegenden eine Trillerpfeife mitnehmen.*
❏ *Notfallapotheke (siehe Kapitel „Gesund auf Reisen")*

Dokumente und Geld

❏ *Pass (mit Visa)*
❏ *Flugtickets*
❏ *Buchungsbestätigungen (Hotel, Mietwagen, ...)*
❏ *Bargeld, Reiseschecks, Scheck- und Kreditkarten*
❏ *Internationaler Führerschein*
❏ *Internationaler Impfausweis*
❏ *Versicherungsunterlagen, Schutzbriefe*
❏ *Ärztliche Bestätigungen für eigene Medikamente*
❏ *Ersatzpassbilder*
❏ *Internationaler Jugendherbergsausweis*
❏ *Wichtige Adressen und Notrufnummern*
❏ *Kopien der wichtigsten Dokumente, separat verpackt*

 Vertrauensperson zu Hause

Stellen Sie für unterwegs und für eine Person Ihres Vertrauens, die in Notfällen auch als Ansprechpartner in Betracht kommt, eine Info-Mappe zusammen. Sie sollte den Reiseplan, die Telefonnummern der Versicherungen, Fluglinien, Kreditkartengesellschaften und die Anschrift der Botschaft im jeweiligen Land enthalten. Hinterlassen Sie auch zu Hause Fotokopien aller wichtigen Dokumente. Einer wirklichen Vertrauensperson (am besten Ihrem Rechtsanwalt) sollten Sie auch Vollmacht über Ihr Konto erteilen, damit in Notfällen Geldüberweisungen möglich sind.

ist. Also müssen Sie unterwegs nach Waschgelegenheiten Ausschau halten. In zivilisierten Ländern werden Zeltreisende oft auf einen Campingplatz mit Waschmaschine stoßen, und Hotelgäste können die hoteleigene Wäscherei oder den nächstgelegenen Waschsalon in Anspruch nehmen. Nur wer sich durch die Wildnis schlägt, muss schmutzige Klamotten in Kauf nehmen.

Checkliste Vorbereitungen

Eine langfristige Zeitplanung verhindert, dass wichtige Dinge vergessen oder erst im letzten Augenblick erledigt werden. Eine Reise, die mit Hektik beginnt, ist schon halb missraten.

Sechs Monate vor der Reise

Die geistigen Vorbereitungen sollten schon ein halbes Jahr vor dem Start abgeschlossen sein. Dazu gehören:

- ❏ **Informationen** über das Reiseziel (Reiseführer, Landkarten usw.)
- ❏ **Geplante Reiseroute**
- ❏ **Weiterreise im Land** (öffentliche Verkehrsmittel, Mietwagen usw.)
- ❏ **Benötigte Dokumente**. Wer noch keinen Reisepass besitzt, sollte ihn dringend beantragen. In der Hochsaison kann es bei den Ordnungsämtern zu einem Antragsstau kommen. Sechs Wochen Wartezeit sind auch außerhalb der Ferienzeit normal.
- ❏ Wenn Sie auf einen bestimmten Termin in der Hochsaison festgelegt sind, sollten Sie sich Ihr **Flugticket** schon etwa sechs Monate vorher re-

servieren lassen. Zurückgeben können Sie es immer noch, und die Stornogebühr werden Sie verschmerzen.

❏ Auch einen **Mietwagen** müssen Sie früh buchen. Zwar können Ihnen die großen Gesellschaften meist auch noch kurzfristig ein Fahrzeug zur Verfügung stellen, aber wenn Sie einen Geländewagen oder einen bestimmten Camper haben wollen, so kann es durchaus Terminschwierigkeiten geben. In manchen Ländern haben sich kleinere Vermieter auf Individualreisende spezialisiert und bieten manchmal Konditionen, die Sie bei den großen Gesellschaften vergeblich suchen. Dann ist aber auch der Wagenpark klein, und die Fahrzeuge sind schnell vergriffen.

❏ Auch um den Platz auf einer **Autofähre** sollten Sie sich sehr frühzeitig kümmern. Sie können natürlich am Fährhafen vorfahren und sich hoffnungsfroh in die Schlange der Wartenden einreihen, aber das ist ein Spiel mit geringen Gewinnchancen. Bestenfalls kostet Sie das Experiment einige Urlaubstage, und der ganze Zeitplan kommt durcheinander.

Zwei Monate vor Beginn

❏ Mit dem **Impfprogramm** beginnen
❏ Eventuell erforderliche **Visa** beantragen
❏ Besorgen Sie sich zwei **Kreditkarten** und kümmern Sie sich auch um Ihr Kreditkartenlimit.
❏ **Gesundheitscheck.** Denken Sie an einen Besuch beim **Zahnarzt.** In den wenigsten Ländern werden Sie bei Zahnproblemen mit einer ebenso qualifizierten und schonenden Behandlung rechnen dürfen wie bei uns. Eine Zahnbehandlung sollte aber spätestens zwei Wochen vor Reisebeginn abgeschlossen sein. Wer sich mit einer

frischen Plombe in den Flieger setzt, riskiert Schmerzen, mit denen sich Geständnisse erpressen lassen.

❏ Auch für die Anschaffung **wichtiger Ausrüstungsgegenstände** für eine Zeltreise wird es höchste Zeit. Selbst der beste Ausrüster hat nicht immer alle Artikel vorrätig, und unter Umständen ist mit einer Lieferzeit von mehreren Wochen zu rechnen.

Ein Monat vor Reisebeginn

❏ **Reisechecks und Devisen** besorgen.
❏ **Internationalen Führerschein** beantragen.
❏ **Haftpflichtversicherung, Reisekrankenversicherung** und (bei Bedarf) Reisegepäckversicherung abschließen.
❏ Das **Gepäck** wird probeweise zusammengestellt und gewogen. Benutzen Sie diese Gelegenheit dazu, um überflüssige oder zu schwere Artikel erbarmungslos auszusortieren.
❏ Überprüfen Sie, ob Ihre **Papiere vollständig** sind, und fertigen Sie von allen wichtigen Dokumenten **Fotokopien** an.

Eine Woche vor Reisebeginn

❏ **Filme** einkaufen.
❏ **Malariaprophylaxe** beginnen.
❏ **Vertrauenspersonen informieren**.

Reisevorbereitung

▼ *„Inseraten-
baum" in Cook
Town, Australien*

Reisedokumente

Reisepass

War früher jede Auslandsreise mit einem umfangreichen Papierkrieg verbunden, so werden Touristen heute in den meisten Ländern nach einer kurzen Passkontrolle durchgewinkt.

Nehmen Sie grundsätzlich **immer Pass und Personalausweis mit,** auch wenn die Einreise allein mit dem Personalausweis möglich wäre. Ist die Regelung neu, so hat sie sich vielleicht an abgelegenen Grenzübergängen noch nicht herumgesprochen.

Unter Umständen brauchen Sie sogar einen **Zweitpass.** So verweigern z.B. manche arabische Staaten die Einreise, wenn der Pass einen Stempel von Israel enthält. Wie schnell Sie beim Ordnungsamt einen zweiten Pass bekommen, hängt leider von der guten Laune des Sachbearbeiters ab. Im Allgemeinen genügt als Begründung, dass mit Unverträglichkeiten der geschilderten Art zu rechnen ist. Halten Sie aber an der Grenze den „richtigen" Pass bereit. Wer angesichts grimmig blickender Polizisten erst eine Auswahl aus verschiedenen Pässen treffen muss, hat schlechte Karten.

Gültiger Pass:

Der Pass sollte, gleichgültig wohin die Reise geht und wie die Einreisebedingungen lauten, noch eine Gültigkeitsdauer von sechs, besser zwölf Monaten über das Enddatum der Reise hinaus und genügend freie Seiten für Ein- und Ausreisestempel haben.

Visum

Viele Länder gestatten die Einreise erst nach Erteilung eines Sichtvermerks (Visum). In früheren Jahren war das Voraussetzung für fast jeden Auslandsaufenthalt, und ich selbst besitze noch einen alten Pass mit einem österreichischen Visum. Heute dürfen deutsche Staatsangehörige die meisten bekannten Reiseländer ein bis zwölf Monate ohne solche Formalitäten bereisen. Manchmal werden die Bestimmungen aber auch kurzfristig geändert, und im Zweifelsfall kann ein Anruf bei der zuständigen Botschaft nichts schaden.

Wollen Sie ein **Visum beantragen,** so müssen Sie den Pass, Passbilder und einen ausgefüllten Antrag mit frankierten Rückumschlag per Einschreiben mit Rückschein an das zuständige Konsulat schicken und eine eventuelle Gebühr überweisen. Nur ganz wenige Staaten verlangen, dass der Antragsteller persönlich vorspricht. Die aktuellen Regelungen erfahren Sie vom Konsulat des jeweiligen Landes in Deutschland. Australien erteilt mittlerweile ein so genanntes elektronisches Visum, für das nur noch eine Fotokopie des Passes nötig ist. In vielen Touristenländern bekommt man das Visum auch bei der Ankunft am Flughafen, nicht aber bei einer Einreise auf dem Landweg.

Jedes Visum hat nur eine begrenzte **Gültigkeitsdauer,** danach verfällt es. Wollen Sie mehrere visumpflichtige Länder bereisen, so ist unter Umständen das erste schon verfallen, wenn die Gültigkeitsdauer des nächsten gerade beginnt. Auch dieses Problem können Langzeitreisende nur mit zwei Pässen lösen.

Das Visum begrenzt die **Aufenthaltsdauer** im Land, und Sichtvermerke für einen kurzen Aufenthalt werden meist schneller und komplikationsloser ausgestellt. Im Notfall können Sie immer noch versuchen, Ihre Aufenthaltsgenehmigung im Land selbst verlängern zu lassen.

Normalerweise ist nur eine **einmalige Einreise** erlaubt, und ganz selten wird Ihnen dabei sogar der Grenzübergang vorgeschrieben. Es gibt aber auch Visa, die eine **mehrmalige Ein- und Ausreise** gestatten.

Manchmal müssen Sie Ihrem Antrag auch den **Buchungsbeleg** eines Reisebüros oder eine Kopie

Reisedokumente

67

des Rück- oder Weiterflugtickets beilegen, um zu zeigen, dass Sie das Land tatsächlich wieder verlassen wollen und können.

Zusätzlich wird bisweilen auch noch eine **Bankbürgschaft** als Beweis dafür gefordert, dass Sie über die nötigen Geldmittel für den Aufenthalt im Land verfügen und nicht die Absicht haben, der öffentlichen Wohlfahrt zur Last zu fallen. Solchen peinlichen Befragungen über ihre Zahlungsfähigkeit sind allerdings normalerweise nur Langzeitreisende ausgesetzt, die sich monatelang in einem Land aufhalten wollen. Rein theoretisch ist übrigens mit einer Kontrolle Ihrer Bonität auch bei der Einreise in viele visumfreie Touristenländer zu rechnen, aber in der Praxis wird nur dann nachgehakt, wenn schon das Äußere auf eine leere Brieftasche schließen läßt. Autofahrer, Reisende mit vertrauenerweckendem Erscheinungsbild und Besitzer allgemein akzeptierter Kreditkarten bleiben fast immer unbehelligt.

Reservepassbilder

Wenn Ihre Reiseroute noch nicht genau feststeht und Abstecher in andere Länder geplant sind, so können ein paar Passbilder neueren Datums wichtig sein. Nicht immer findet sich an der Grenze ein Fotograf. Die Fotos müssen natürlich Ihr aktuelles Aussehen wiedergeben. Wer mit Bart verewigt ist und ohne Bart an der Grenze erscheint, verliert naturgemäß viel Zeit.

Zollerklärung

Devisenerklärung

Viele Staaten verlangen, dass Sie bei der Einreise eine **Devisenerklärung** ausfüllen. Dann müssen Sie an der Grenze alle mitgeführten Zahlungsmittel und manchmal sogar Wertgegenstände und Schmuck eintragen, die sich zu Geld machen lassen. Jeder Umtausch auf einer Bank oder im Hotel muss bestätigt, und die Nummern eingelöster Reiseschecks

„Rauch mit Donner",
die Victoria-Fälle
in Simbabwe

müssen vermerkt werden. Alle Belege, auch die über Zahlungen mittels Kreditkarte, sind sorgfältig aufzubewahren.

Achten Sie darauf, dass bei der Ausreise die Gesamtbilanz stimmt, und nicht der Eindruck entsteht, Sie hätten Ihren Aufenthalt aus finsteren Quellen bestritten. Mir hat man schon einmal beim Zoll die Brieftasche abgenommen, das Geld nachgezählt und das Resultat mit der schriftlichen Devisenerklärung verglichen.

Besteht zusätzlich **Devisenrestriktion,** so ist die **Ein- und Ausfuhr von Landeswährung** auf einen lächerlichen Betrag limitiert oder ganz verboten.

Die Devisenerklärung ist ein wichtiges Dokument. Bei Verlust wird Ihnen niemand auch nur eine Mark wechseln, und bei der Ausreise ist mit endlosen Scherereien zu rechnen. In der Praxis wird die Deklarationspflicht jedoch von vielen Staaten nur noch sehr lasch gehandhabt.

Ein- und Ausfuhrbeschränkungen

Manchmal ist die Einfuhr bestimmter Artikel (vor allem landwirtschaftlicher Artikel wie Nahrungsmittel, Obst, Gewürze, aber auch von Lederwaren oder Erzeugnissen aus Holz und dergleichen) verboten. Verstöße gegen diese Bestimmungen können empfindliche Strafen nach sich ziehen, und wenn Sie erwischt werden, können Sie gleich wieder nach Hause fahren. Halten Sie deshalb an der Grenze nach Plakaten Ausschau, die auf verbotene Artikel hinweisen.

Erheblichen Ärger können Sie sich auch mit **alkoholischen Getränken** (in einigen islamischen Staaten), mit **Pornografie** (dazu zählt in Indien schon der Playboy) oder mit **Schriften politischen Inhalts** einhandeln. Ob man solche Dinge unbedingt mitnehmen muss, sei dahingestellt.

Aber auch bei der Ausreise kann es Probleme geben. So ist z.B. die Ausfuhr echter **Antiquitäten** praktisch überall verboten. Was als Antiquität im Sinne des Gesetzes gilt, ist genau definiert, und Sie können sich nicht mit Unkenntnis herausreden.

Andere Artikel (z.B. Lederwaren, gebrauchte Campingausrüstungen, Medikamente) müssen deklariert werden, und es steht im Ermessen des Zollbeamten, ob er Ihnen Schwierigkeiten macht oder nicht. Versuchen Sie trotzdem nicht, sich durchzumogeln, denn bei ordnungsgemäßer Deklaration wird meist großzügig verfahren.

Die Ein- und Ausfuhr von **Rauschmitteln** ist überall streng verboten, und in einigen nordafrikani-

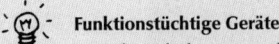

Funktionstüchtige Geräte

In die Videokamera und andere batteriebetriebene Elektrogeräte gehören geladene Akkus (Ausnahme Indien). Beim Sicherheitscheck am Flughafen wird oft geprüft, ob die Geräte tatsächlich funktionstüchtig sind und nicht nur als Versteck für eine Sprengladung dienen. Wenn Sie Pech haben, hält man Sie mit einer funktionsuntüchtigen Kamera so lange fest, bis der Anschlussflieger weg ist.

schen und asiatischen Ländern steht darauf die To-
desstrafe!! Das hat leider zur Folge, dass auch eine
gut ausgestattete Reiseapotheke zum Problem wird,
wenn unbedarfte Zollbeamte sogar Vitamintablet-
ten als Drogen einstufen.

Lassen Sie sich deshalb zu Hause eine in
Deutsch, Englisch, Französisch und Spanisch gehal-
tene ärztliche Bestätigung darüber ausstellen, dass
Sie die mitgeführten Medikamente dringend brauchen. Je pompöser der Briefkopf aussieht und je
mehr eindrucksvolle Stempel Sie vorweisen können, desto besser.

> **Kontrollieren Sie vor dem Grenzübertritt
> genau, dass Ihnen niemand etwas zuge-
> steckt hat.** Lehnen Sie Bitten ab, Päckchen
> oder Gepäckstücke über die Grenze zu trans-
> portieren oder nach Hause mitzunehmen.

Dokumente zum Autofahren

In vielen Ländern müssen Autofahrer einen **internationalen Führerschein** mitführen, aber oft gibt
man sich auch mit dem nationalen Führerschein zu-
frieden. Bei Verkehrsvergehen oder Unfällen stehen
Sie jedoch mit dem internationalen Führerschein
immer besser da als mit einem Dokument, das niemand lesen kann.

Bei einer Einreise mit dem eigenen Fahrzeug wird
manchmal noch die **internationale Zulassung** verlangt.

Bevor die internationale grüne Versicherungskarte aus der Taufe gehoben wurde, mussten Autofahrer an jeder Grenze eine zusätzliche Haftpflichtversicherung abschließen. Die **internationale Versicherungskarte** ist jetzt ein Beleg dafür, dass eine
Haftpflichtversicherung mit ausreichender De-

Reisedokumente

ckung auch für Versicherungsfälle im Ausland besteht. Vorgeschrieben ist sie bei der Einreise nach Albanien, Andorra, Bosnien-Herzegowina, Bulgarien, Estland, Lettland, Malta, Mazedonien, Polen, Rumänien, Tschechien, die Türkei und Zypern. Werden Sie in Polen ohne grüne Versicherungskarte angetroffen, so ist mit einem Bußgeld von 750 Euro zu rechnen! Wer mit dem eigenen Wagen reist, sollte sie auf jeder Auslandsreise mitführen, auch wenn sie formal nicht mehr erforderlich ist. Selbst in unseren Nachbarländern kann es bei einem Unfall Schwierigkeiten geben, wenn Sie nicht anhand der Karte sofort Versicherungsgesellschaft und Police-Nummer nachweisen können. Leider wird sie selbst innerhalb Europas nicht überall anerkannt, und manchmal kommen Sie um eine zusätzliche Haftpflichtversicherung an der Grenze nicht herum.

Schutzbriefe, die dem Autofahrer Hilfeleistung in vielen schwierigen Situationen gewähren, stellen mittlerweile nicht mehr nur die Automobilclubs, sondern auch Versicherungsgesellschaften aus. Außerhalb Europas und einiger Mittelmeeranrainerstaaten sind sie leider ungültig.

Mitglieder eines deutschen **Automobilclubs** sollten ihre Mitgliedskarte auch im Ausland mitführen, denn in vielen Ländern können sie dann im Pannenfall die Hilfe ausländischer Partnerorganisationen in Anspruch nehmen.

Internationaler Impfpass

Die letzte Pflichtimpfung auf Reisen in Infektionsgebiete ist die Gelbfieberimpfung. Sie wird auch bei der Einreise in viele gelbfieberfreie Länder verlangt, wenn Sie aus Infektionsgebieten kommen, und muss durch einen Eintrag in den internationalen gelben Impfpass dokumentiert werden. Lassen Sie aber auch nicht obligatorische Impfungen eintragen. Ein vollgestempelter Impfpass ist im Krankheitsfall eine wichtige Informationsquelle für den behandelnden Arzt.

Auslandskrankenversicherung

Neuerdings verlangen einige Länder Osteuropas, auch die Tschechische Republik, einen Nachweis über eine private Auslandskrankenversicherung (sieh Kap. „Versicherungen"), und manchmal werden dabei nur die Policen bestimmter Gesellschaften anerkannt. Ohne diesen Beleg kann die Einreise verweigert werden, und wenn man im Land erwischt wird, so ist mit hohen, willkürlich festgesetzten Bußgeldern zu rechnen.

Ein- bzw. Ausreisekarten

Werden Ihnen an der Grenze oder im Flugzeug Ein- bzw. Ausreisekarten ausgehändigt, so müssen die Eintragungen mit denen im Reisepass übereinstimmen. Auch mehrere Vornamen müssen komplett angegeben werden. Als Grund für die Reise tragen Sie am besten immer „Tourismus" ein.

Sehr oft wird nach einer Adresse im Land gefragt, auch wenn Sie bei einer Rundreise natürlich keine feste Anschrift nennen können. Geben Sie im Zweifelsfall einfach die Adresse eines teuren Hotels in der nächstgrößeren Stadt an, selbst wenn Sie es nie zu Gesicht bekommen. Der Eintrag ist eine Formalität, und natürlich wissen auch die Grenzer, dass die Frage unsinnig ist.

Reisedokumente

0206 Abb., hs

Verkehrsmittel

Verkehrsmittel

Der Reisende unterscheidet sich vom Urlauber dadurch, dass er in Bewegung bleibt. Wer nur an einen bestimmten Ort anreist und dort für den Rest der Zeit zu bleiben gedenkt, braucht keine Tipps und ist mit einer Pauschalreise bestens bedient. Für jeden anderen stellt sich zuallererst die Frage nach einem Transportmittel.

Per Flugzeug anreisen

Die Buchung eines günstigen Flugs erfordert manchmal etwas Geduld. Zwar quellen die einschlägigen Anzeigenseiten der Tageszeitungen vor **Billigangeboten** über, nutzen kann sie aber nur jemand, der zeitlich völlig ungebunden ist und über viel Leidensfähigkeit verfügt. Ob es sich z. B. lohnt, einen Flug nach Santiago de Chile auf einem Umweg über die USA mit zwölfstündigem Aufenthalt in New York anzutreten, nur um dabei zweihundert Mark zu sparen, muss kritisch hinterfragt werden. Eine Fernreise ist nicht billig, und es ist zweifelhaft, ob solche Einsparungen und die damit verbundenen Unbequemlichkeiten in einem vernünftigen Verhältnis zu den Gesamtkosten stehen. Einen Vorteil besitzen die Billigangebote aber doch: Sie verschaffen einen Überblick darüber, auf welchem Preisniveau sich die Kosten bewegen können, und das liefert eine Diskussionsgrundlage für die Buchung.

Wer zum ersten Mal eine Fernreise bucht, denkt zunächst an **preiswerte Charterflüge.** Aber dabei sind Sie an bestimmte Termine, bestimmte Abflughäfen und eine bestimmte Reisedauer gebunden. Ein Rücktritt von der Buchung kostet erhebliche Stornogebühren.

Die vielseitigsten Möglichkeiten bieten **verbilligte Linienflüge.** Sie können Ihren Termin frei wählen, den Flug unterbrechen (stop over) oder einen Gabelflug (open jaw) buchen, bei dem Ankunfts- und Abflugsort nicht identisch sein müssen. Auch die Gebühren für Stornierung oder Umbuchung sind moderat und liegen normalerweise nur in einer Größenordnung von 80 bis 130 Euro. Zwar sind Sie auch bei verbilligten Linienflügen an eine bestimmte Mindest- und Maximalreisedauer gebunden, aber die Termine lassen sich immer besser mit Ihren persönlichen Wünschen in Einklang bringen als bei einem Charterflug.

Der **Preis eines Flugs** hängt von Fluglinie, Abflughafen, Flugstrecke, Saison, Buchungstermin, Reisedauer und davon ab, ob der Flug zusammen mit anderen Leistungen gebucht wird. Manche Veranstalter haben auch Sonderangebote im Programm. Den offiziellen IATA-Tarif bezahlen jedenfalls nur Geschäftsreisende. Solche Full-fare Tickets haben allerdings den Vorteil, dass sie später auch auf eine andere Fluglinie umgeschrieben werden können, die dieselbe Strecke fliegt.

Weniger angesehene Fluglinien bieten manchmal günstigere Tarife, aber auf Langstreckenflügen sind ein anständiger Service und etwas mehr Beinfreiheit in der Kabine ein guten Einstieg in den Urlaub. Auch solche Überlegungen lassen es ratsam erscheinen, lieber ein paar hundert Mark mehr auszugeben.

Die Preise für **Flüge ab Amsterdam, Brüssel oder Zürich** liegen gelegentlich unter denen ab deutschen Flughäfen. Für Bewohner der Grenzgebiete kann das von Nutzen sein, für alle anderen stehen eventuelle Preisvorteile nur selten in einem vernünftigen Verhältnis zu den Unbequemlichkeiten und Kosten der längeren Anreise.

Manchmal hat man die Wahl zwischen verschiedenen **Flugstrecken.** So kann man nach Neuseeland in Ost- oder in Westrichtung fliegen. „Unübliche" Flugstrecken machen aber meist nur dann Sinn, wenn man einen Stop-over-Flug gebucht hat

Verkehrsmittel

und irgendwo Zwischenstation machen möchte. Praktisch immer werden bei Flügen innerhalb der Saison hohe **Saisonzuschläge** fällig. Wer nicht an die Hauptsaison gebunden ist, kann einiges sparen.

Auch der **Buchungstermin** kann eine Rolle spielen, und Neulinge sind sehr erstaunt, wenn neben ihnen ein Passagier sitzt, der für den gleichen Flug weniger bezahlt hat. Die Preise für das Ticket sind nicht einheitlich, und Frühbucher bezahlen weniger.

Der Preis hängt auch von der **Reisedauer** ab. Kürzere Reisen sind oft preiswerter, und unter Umständen kostet der Flug ein paar hundert Mark weniger, wenn Sie Ihren Urlaub nur um einen Tag verkürzen.

Schließlich hängt der Preis auch davon ab, ob der Flug tatsächlich oder zum Schein mit anderen Leistungen wie Hotel oder Mietwagen gebucht wird, so genannte **IT-Tickets** (Inclusive Tours Ticket). Überlegen Sie, ob solche Kombinationen vielleicht günstiger sind.

Aus diesen Beispielen geht hervor, dass Sie wegen des kaum mehr durchschaubaren Tarifdschungels bei der Buchung meist auf die **Hilfe eines kompetenten Reisebüros** oder der Hotline eines überregional tätigen Anbieters angewiesen sind. Zwar kommen zunächst die teuersten Angebote auf den Tisch, aber ausgerüstet mit der Kenntnis der Billigpreise können Sie so lange bedauernd den Kopf schütteln,

---

Sonderangebote

Bei Sonderangeboten ist größte Vorsicht geboten. Oft sind die preiswerten Flüge nur zusammen mit anderen „Reisebausteinen" (Hotel, Mietwagen, Exkursionen usw.) zu haben, an denen Sie gar nicht interessiert sind, oder die Tickets werden sogar nur an Passagiere einer bestimmten Altersklasse verkauft. Umbuchung sind oft unmöglich, und bei einer Stornierung werden unüblich hohe Gebühren fällig. Bedenken dieser Art sollen Sie natürlich nicht daran hindern, sich bei speziellen Reisebüros wie z.B. Travel Overland nach besonders günstigen Flügen zu erkundigen.

*Travel Overland
Saarstr. 7, 80797 München
Tel. (089) 272760; Fax (089) 3073039
Internet: www.travel-overland.de*

bis sich die Vorschläge in den gewünschten Bereichen bewegen. Wenn man beispielsweise Sonderangebote außerhalb der Saison mit den Angeboten der teuersten Gesellschaften in der Hochsaison vergleicht, so können die Preisunterschiede auf Langstreckenflügen (z.B. nach Australien) durchaus 200-300 Euro betragen.

Generell werden die Transportbedingungen um so restriktiver, je billiger der Flug ist. Fragen Sie deshalb immer nach den Kosten für eine Stornierung oder Umbuchung und lassen Sie sich die Auskünfte wenigstens durch einen Computerausdruck schriftlich bestätigen.

 Anreise zum Flughafen
Informieren Sie sich, ob der Preis die Anreise zum Abflughafen mit der Bahn oder mit dem Flugzeug einschließt. Wenn Sie z.B. mit der Lufthansa nach Übersee fliegen, so kostet Sie der Zubringerflug nur einen unerheblichen Zuschlag, und Sie sind letztlich besser bedient, als wenn Sie für den Langstreckenflug 50 Euro weniger zahlen, dafür aber für die Anfahrt 100 Euro mehr berappen müssen. Bei eigener Anreise mit der Bahn können Sie gegen Vorlage des Flugscheins mit einem „fly-and-rail-Ticket" Geld sparen.

Wenn Sie Ihr Ticket abholen, so achten Sie darauf, dass es sich um ein **OK-Ticket** mit bestätigtem Platz handelt. Ein RQ-Ticket sollten Sie verweigern, denn dann stehen Sie nur auf der Warteliste und haben keinen Anspruch auf den gebuchten Flug.

Erkundigen Sie sich auch danach, wie die Fluggesellschaft auf einen **Verlust des Tickets** reagiert. Manche Gesellschaften stellen gegen eine Gebühr von 10-50 % des Flugpreises Ersatztickets aus, bei anderen läuft gar nichts mehr. Wenn Sie eine gut lesbare Fotokopie vorlegen können, sollte ein Ersatz eigentlich keine Schwierigkeiten machen.

Immer wieder kommt es vor, dass die **Maschine überbucht** ist und mehr Reservierungen vorgenommen wurden, als Sitzplätze vorhanden sind. In diesem Falle haben Sie Anrecht auf eine Ersatzbe-

Verkehrsmittel

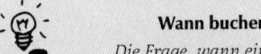

Die Frage, wann eine Buchung spätestens erfolgen muss, löst die stereotype Antwort aus, dass alle Flüge schon auf Monate hinaus ausgebucht sind. Damit jagt man dem Kunden erst einmal einen heilsamen Schrecken ein und macht ihn einer unüberlegten Spontanbuchung zugänglicher. Wer allerdings an einen bestimmten Termin der Hochsaison gebunden ist, sollte sich seinen Flug tatsächlich spätestens 4–5 Monate vor Reiseantritt reservieren lassen. Einzelplätze sind dagegen bei etwas Flexibilität oft auch noch kurzfristig zu bekommen.

Rückbestätigung

Bisher fand sich auf allen Flugtickets der Hinweis, dass der Rückflug mindestens 72 Stunden vor dem Abflug rückbestätigt werden muss. Wer das versäumte, musste damit rechnen, am Schalter stehen gelassen zu werden. Heute verzichten immer mehr Fluggesellschaften auf die Rückbestätigung. Fragen Sie vorsichtshalber trotzdem danach. Rufen Sie außerdem am Tag vor der Abreise beim Flughafen an und lassen Sie sich die im Ticket ausgewiesene Abflugszeit bestätigen. Hat ein Land Sommerzeit eingeführt, so sind fehlerhafte Eintragungen durchaus möglich.

förderung in einer höheren Klasse (upgrading) oder mit einer anderen Fluggesellschaft. Ist beides nicht möglich, so werden Sie normalerweise auf einen anderen Flug mit derselben Gesellschaft umgebucht. Die erforderlichen Übernachtungen und die Verpflegung werden bezahlt. Allerdings dürfen Sie von sich aus nichts unternehmen (sich z.B. ein Hotel suchen), nachträglich bekommen Sie keine Mark erstattet. Solche und vergleichbare Probleme werden erfahrungsgemäß von renommierten Fluggesellschaften professioneller gehandhabt als von kleineren Airlines. Auch das ist ein Grund, lieber etwas mehr zu bezahlen und mit einer angesehenen Gesellschaft zu fliegen. Mit überbuchten Maschinen müssen besonders die ganz „coolen" Passagiere rechnen, die erst im letzten Augenblick beim Check in erscheinen.

Für **Flüge innerhalb des Reiselands** bieten viele Fluggesellschaften Ausländern verbilligte Tickets mit der Möglichkeit zu Zwischenstopps an. Erkundigen Sie sich nach solchen Möglichkeiten, wenn Sie auf Ihrer Tour nicht auf Busse, Bahnen oder einen Leihwagen angewiesen sein möchten. Rundflugtickets müssen Sie aber schon zu Hause buchen. Im Land sind sie nicht erhältlich.

Öffentliche Verkehrsmittel

Öffentliche Verkehrsmittel bieten einige **Vorteile.** Busse und Bahnen sind in vielen Ländern der Welt preiswerter als bei uns. Viele Länder kann man mit dem Autobus bereisen, und manchmal bieten Überlandbusse unerwarteten Komfort und Service. Natürlich kann es passieren, dass man den Bus mit gackernden Hühnern und stinkenden Ziegen teilen muss. Dann kommen Sie aber auch am ehesten mit interessanten Mitreisenden in Kontakt.

Zu den **Nachteilen** gehört, dass öffentliche Transportmittel natürlich an Fahrpläne gebunden sind. Viele Überlandbusse verkehren nur nachts, und Schlafen in einem Bus ist nicht für jedermann wirklich erholsam. Nur selten hält ein Bus ausgerechnet vor der auserkorenen Unterkunft, und wer sich schon einmal mitten in der Nacht mit vollem Marschgepäck durch eine unbekannte Großstadt gequält hat, nur um schließlich vor der geschlossenen Hotelrezeption zu stehen, hegt keinen Wunsch

▽ *Fliegende Händler versorgen Busreisende mit Proviant (Laos)*

Verkehrsmittel

111f: Abb.: kw

nach einer Wiederholung des Experimentes. Viele Sehenswürdigkeiten sind mit öffentlichen Verkehrsmitteln gar nicht zugänglich, und Sie müssen vor Ort teure Exkursionen buchen.

Wenn Sie allerdings weit voneinander entfernte Gegenden besuchen wollen, so sparen Flugzeug, Zug oder Omnibus langweilige Anfahrten und Kosten für die Wagenmiete.

Bahn- und Bustickets müssen Sie sich übrigens in vielen Ländern sehr früh reservieren lassen, wenn es sich um berühmte Touristenzüge handelt, sogar Wochen und Monate im Voraus.

Das eigene Fahrzeug

Für Fernreisen ist der eigene Wagen zurzeit kein Thema. Unsichere politische Verhältnisse, Unruhen und internationaler Terrorismus haben Europa immer mehr abgeriegelt, und wer nicht bereit ist, Kopf und Kragen zu riskieren, muss sich auf die westliche und mittlere Türkei, Marokko, Tunesien, äußerstenfalls noch Israel, Syrien und Jordanien beschränken.

Selbstverständlich gibt es immer noch die Möglichkeit, das eigene Fahrzeug per Schiff oder sogar per Flugzeug (Motorrad) ins Zielland transportieren zu lassen. **Schiffsverladungen** sind aber mit viel Lauferei verbunden, Frachtkosten und Hafengebühren können schnell den Wert des Fahrzeugs übersteigen. Bestenfalls lohnt sich der Transport, wenn man mehr als drei Monate in einem Land bleiben will. Nur das Motorrad im Flugzeug kann manchmal einen normalen Urlaub billiger machen als ein teures Leihfahrzeug.

Per Boot, zu Fuß und zu Pferd

Wer sich viel auf seine Fitness zugute hält, kommt vielleicht auf die Idee, ein Land zu Fuß, mit dem

Fahrrad, dem Boot oder sogar zu Pferd zu erkunden. Von solchen Experimenten ist Neulingen abzuraten.

Auf langen Fußmärschen wird man kaum überall eine Unterkunft finden, und eine erstklassige und dementsprechend teure **Campingausrüstung** ist deshalb ein Muss. Unter Umständen kann man Nahrungsmittelvorräte tagelang nicht ergänzen, und manchmal wird sogar die Versorgung mit Trinkwasser schwierig. Schließlich erreicht das Gepäck ein Gewicht, vor dem selbst sehr sportliche Leute zurückschrecken.

Auch wenn Sie verlässliche Karten in großem Maßstab besitzen, brauchen Sie in abgelegenen Gegenden manchmal einen **einheimischen Führer,** und bisweilen sind Führer und Träger sogar Pflicht. Selbst für ausgewiesene Trekkingtouren ist oft eine offizielle **Genehmigung** erforderlich, und die werden Sie keineswegs immer bekommen. Es gibt berühmte Trekks, die schon auf Monate ausgebucht sind.

Passionierte **Fahrradfahrer,** die an die gute Infrastruktur europäischer Feriengebiete gewöhnt sind, bekommen einen Schock, wenn Ansiedlungen plötzlich mehrere hundert Kilometer voneinander entfernt sind. Für Fahrradreisen kommen deshalb nur Europa und einige dicht besiedelte Gebiete in den USA, in Südamerika, Südafrika, Australien und Neuseeland in Betracht. Alle anderen Regionen sind wegen der großen Distanzen und der Versorgungsschwierigkeiten Profis vorbehalten.

Bootsfahrten sind nur etwas für erfahrene Wildwasserfahrer, und Laien riskieren dabei Kopf und Kragen.

Auch **Touren zu Pferd** (begeisterte Reiter könnten durchaus auf die Idee kommen) sind in eigener Regie kaum durchführbar. Leihpferde sind schwer zu bekommen, und ein besonderes Problem ist die

Verkehrsmittel

054fi Abb. hs

▲ *Zu Pferd durch British-Columbia (Canada)*

Übernachtung. Auf einen Campingplatz oder in ein Hotel wird man Sie jedenfalls nicht aufnehmen. Genau so schwierig ist es, Ihren vierbeinigen Freund unterwegs mit Futter zu versorgen. Selbst in dünnbesiedelten Gegenden ist jedes Stück Land, auch Urwald, eingezäunt, und die Eigentümer mögen es gar nicht, wenn auf ihrem Grund plötzlich Reiter auftauchen und ihre Pferde grasen lassen.

Leihwagen

Leihwagen sollten Sie schon zu Hause über ein Reisebüro bei einer angesehenen Gesellschaft buchen. Zwar können Sie auch an Ort und Stelle bei einem Billiganbieter mieten, aber die Gefahr, dabei an ein altersschwaches Fahrzeug zu geraten, ist vergleichsweise groß. Sparen am falschen Ende lohnt sich nur, wenn Sie unbegrenzt Zeit und so starke Nerven haben, dass es Ihnen nichts ausmacht, mitten im afrikanischen Busch oder auf einem gottverlassenen Andenpass liegen zu bleiben. Renommierte Verleihfirmen können sich dagegen unzuverlässige Wagen nicht leisten, und Sie dürfen darauf vertrauen, dass das Fahrzeug verkehrssicher und technisch einigermaßen in Ordnung ist.

Viele Vermieter sehen in ihren Vertragsbedingungen **Altersbegrenzungen** vor. Je nach Gesellschaft und Wagentyp (Geländewagen!) sind Kunden erst dann willkommen, wenn sie über 25 Jahre alt sind. Bei mehreren Reiseteilnehmern muss jeder als Fahrer in den Mietvertrag eingetragen werden, der sich auch nur gelegentlich ans Steuer setzen will. In einigen Ländern wie Indien werden Leihwagen sogar nur mit Chauffeur abgegeben.

Versicherungen

Die Versicherungsgesellschaften lehnen die Gewährung einer **Haftpflicht-Police mit weltweiter Gültigkeit** meist ab, und nur bei Spezialisten können Sie versuchen, eine weltweit gültige Travellerpolice abzuschließen, z.B. bei:

TourInsure GmbH,
Carl Petersenstr. 4,
20535 Hamburg,
Tel. (040) 25172150

Katalogpreise bei Leihwagem

Die in deutschen Katalogen angegebenen Basispreise für die Wagenmiete sind irreführend. Lokale Steuern sind im Preis nicht immer inbegriffen und müssen gesondert bezahlt werden. Die Haftpflichtversicherung orientiert sich oft an den im Land geltenden Mindestdeckungssummen und ist dann viel zu niedrig. Jeden darüber hinausgehenden Schaden müssen Sie selbst bezahlen, und das kann sogar Spitzenverdiener in den Ruin treiben. In den Katalogen der Reiseveranstalter oder in den Mietverträgen der Verleihfirmen werden Sie darauf keinen Hinweis finden, und es ist wichtig, schon bei der Buchung danach zu fragen. Innerhalb Europas können Sie sich gegen solche Risiken mit der so genannten Mallorca-Police versichern, die bei manchen Gesellschaften schon in der normalen Haftpflicht bzw. Kaskoversicherung eingeschlossen ist. Also auch hier erst einmal nachfragen, bevor Sie sich in vermeidbare Unkosten stürzen. Rechnet man alle unvermeidlichen und empfehlenswerten Zusatzausgaben zusammen, so liegen die tatsächlichen Kosten für einen Mietwagen schließlich um 20-25 % (in Ausnahmefällen um bis zu 40 %) über dem Katalogpreis.

Verkehrsmittel

Die so genannte **↗CDW-Versicherung** ist eine Kaskoversicherung, die oft zusätzlich bezahlt werden muss. Im Schadensfall wird der Mieter aber mit einem Selbstbehalt belastet, der bei teuren Geländewagen einige tausend Mark beträgt. Der Pferdefuß der CDW-Versicherungen ist, dass Schäden, mit denen Sie in der Praxis tatsächlich rechnen müssen (Reifenpannen, zersplitterte Windschutzscheiben, Schäden an Auspuff oder Unterboden), nicht gedeckt sind. Wiegen Sie sich also nicht in der trügerischen Sicherheit, mit Kaskoversicherungen dieser Art wären Sie aus dem Schneider. Nur durch teure Zusatzversicherungen lässt sich der Selbstbehalt auf vertretbare Beträge reduzieren oder ausschließen. Fragen Sie auch danach, ob eine **↗LDW-Versicherung** besteht, sonst müssen Sie den Wagen im Falle eines Diebstahls selbst bezahlen.

CDW-Versicherung: *collision damage waiver* = *Kaskoversicherung*

LDW-Versicherung: *loss damage waiver* = *Diebstahlversicherung*

Mietpreise

Die **Mietpreise** hängen von Saison, Wagentyp und Mietdauer ab. Sie sind selbstverständlich dann am höchsten, wenn die Nachfrage am größten ist, und mit einer Buchung außerhalb der Hochsaison können Sie viel Geld sparen. Langzeitmieten sind überall deutlich preiswerter. Je nach Reiseland und Wagentyp müssen Sie mit einem Preis von 190-1200 Euro (großer Camper) pro Woche rechnen

Einwegmiete bedeutet, dass Sie den Wagen nicht an dem Ort zurückgeben müssen, an dem Sie ihn übernommen haben. Bei großen internationalen Mietwagengesellschaften mit Zweigstellen in vielen Städten des Landes kostet das manchmal nichts oder nur einen geringen Zuschlag. Bei kleineren Unternehmen können dagegen Einwegmieten sehr teuer werden, weil der Wagen unter großen Kosten von einem Mitarbeiter zur Verleihstation zurückgebracht werden muss.

Fast immer hat man die Wahl zwischen einem Mietvertrag mit **Kilometergeld oder mit unbegrenzten Kilometern.** Manche Vermieter bieten auch als Zwischenlösung begrenzte Freikilometer (z.B. 250 pro Tag) an. Kilometergeld bedeutet, dass für jeden gefahrenen Kilometer eine Gebühr fällig wird, und das kann bei langen Strecken ganz schön ins Geld gehen. Sieht der Vertrag unbegrenzte Kilometer vor, so dürfen Sie ohne Mehrkosten soviel fahren wie sie wollen. Die Tagesmiete ist dann natürlich höher. Welche Regelung vorteilhafter ist, müssen Sie sich ausrechnen. Wird der Wagen nur auf kürzeren Strecken benutzt, oder sind längere stationäre Aufenthalte eingeplant, so kann Kilometergeld günstiger sein. Auf längeren Strecken von mehreren tausend Kilometern sind die Kosten der beiden Varianten bei durchschnittlicher täglicher Fahrleistung erfahrungsgemäß vergleichbar, und ein Schnäppchen machen mit der „unlimited milage" nur Vielfahrer, die von morgens bis abends am Steuer sitzen.

Welcher Wagentyp?

Steht ein Wagen der gewählten Kategorie aus irgendwelchen Gründen bei der Übernahme nicht zur Verfügung, so ist es international üblich, dem Kunden zum gleichen Preis ein Fahrzeug der nächsthöheren Kategorie zu überlassen (upgrading). Einen Anspruch auf den Wagentyp, der im Prospekt als Beispiel abgebildet war (z.B. einen VW Golf), haben Sie aber nicht. Wenn Sonderwünsche möglich sind, so sollten Sie Dieselfahrzeugen den Vorzug geben. Sie sind zwar etwas teurer in der Miete, dafür aber weniger reparaturanfällig und sparsamer im Verbrauch.

Trotzdem ist ein Vertrag mit unbegrenzten Kilometern meist eine gute Wahl. In der Praxis fährt man immer mehr als vorausberechnet, und es ist ein angenehmes Gefühl, wenn nicht bei jeder Fahrt das Geld im Kasten des Vermieters klingelt.

Fahrzeugübernahme

Bei der Übernahme des Fahrzeugs ist eine **Kaution** zu hinterlegen. In vielen Ländern ist das nur mittels

Verkehrsmittel

Kreditkarte (Eurocard/Mastercard oder Visa) möglich, und Barzahlungen werden nicht akzeptiert.

Bei einigen Vermietern hat sich die Unsitte eingebürgert, dem Mieter eine **blanko unterschriebene Kreditkartenrechnung** abzuverlangen. Bei angesehenen internationalen Mietwagengesellschaften mag das angehen, aber bei unbekannten Betrieben ist größte Vorsicht geboten, denn der Vermieter kann sich nicht nur theoretisch jeden Betrag bis zur Höhe des Kreditkartenlimits gutschreiben lassen. Die Aussichten, auf diese Weise unberechtigt abgebuchte Beträge zurückzubekommen, sind gleich Null. In der Praxis kann man sich gegen solche Machenschaften allerdings kaum wehren, denn wer nach einem langen Flug endlich vor dem reservierten Wagen steht, wird den Vertrag kaum annullieren.

 Inspizieren Sie den Wagen zusammen mit einem Beauftragten des Vermieters und werfen Sie auch einen Blick auf den Unterboden, selbst wenn Sie sich dabei schmutzig machen. Es könnte immerhin sein, dass der Auspuff nur noch an einem Draht hängt.

 Lassen Sie auch kleinere Schäden, z.B. an der Windschutzscheibe, an der Karosserie und am Lack, in ein **Übergabeprotokoll** eintragen, das erspart Ihnen später unerfreuliche Diskussionen und vermeidbare Kosten. Die meisten Vermieter bestehen ohnehin auf einer Übergabe- und Abnahmeinspektion.

 Fragen Sie nach einem **Manual** für den Wagen. Informieren Sie sich darüber, wo die **Sicherungskästen** und die **Ersatzsicherungen** sind und wo der **Wagenheber** angesetzt werden muss.

Überprüfen Sie, ob das **Werkzeug** für einen Radwechsel komplett und das **Ersatzrad** in brauchbarem Zustand sind.

Auch wenn es banal klingt, lassen Sie sich zeigen, wie man **Motorhaube, Kofferraumdeckel und Tankverschluss** öffnet und die **Wegfahrsperre** abschaltet. Wer einen Camper gemietet hat, braucht ohnehin mindestens eine halbe Stunde Zeit, um sich mit allen Einzelheiten der Einrichtung vertraut zu machen.

Informieren Sie sich auch darüber, was im **Pannenfall** zu tun ist, und an wen Sie sich um Hilfe wenden können. Größere Reparaturen dürfen Sie nie auf eigene Verantwortung ohne telefonische Rückfrage beim Vermieter veranlassen. In manchen Verträgen ist ausdrücklich vermerkt, bis zu welcher preislichen Obergrenze Sie auf eigene Faust eine Werkstatt aufsuchen dürfen (meist nur Bagatellreparaturen).

Überprüfen Sie das **Reifenprofil** und tun Sie, was niemand sonst tut: Machen Sie eine **Probefahrt.** Überprüfen Sie den Geradeauslauf, horchen Sie auf ungewöhnliche Geräusche im Leerlauf und während der Fahrt und achten Sie darauf, ob die Kupplung einwandfrei funktioniert und ob sich die Gänge leicht einlegen lassen. Überprüfen Sie die Bremsen (auch die Handbremse) und überzeugen Sie sich davon, dass Licht, Blinker und Bremsleuchten in einwandfreiem Zustand sind.

Haben Sie den Wagen mit **vollem Tank** übernommen, so müssen Sie ihn auch vollgetankt wieder abgeben.

Verkehrsmittel

Grenzübertritte mit dem Mietwagen

Manchmal dürfen Sie mit einem Mietwagen auch Nachbarländer besuchen. Das muss aber schon im Vorfeld besprochen werden, denn an der Grenze brauchen Sie eine schriftliche Vollmacht des Vermieters (der Wagen könnte ja gestohlen sein). Unter Umständen muss sie notariell beglaubigt sein, und ein Exemplar wird bei der Ein- oder Ausreise als Beleg einbehalten. Überlegen Sie also vorher, wie viele Grenzübergänge zu erwarten sind, damit Ihnen der Vorrat an beglaubigten Vollmachten nicht ausgeht. Die internationalen Mietwagengesellschaften sind übrigens in solchen Fragen wenig entgegenkommend, und wer mehrere Länder besuchen möchte, wendet sich besser an kleinere lokale Unternehmer.

Wohnmobile sind nach internationalen Gepflogenheiten **„besenrein" zu übergeben.** Nehmen Sie sich also eine Stunde Zeit, um den Wagen aufzuräumen, auszufegen und um die Reste der letzten Mahlzeit vom Kocher zu kratzen. Für verludert übergebene Wohnmobile werden hohe Reinigungsgebühren berechnet.

Wer alle Gebühren bezahlt und alle Versicherungen abgeschlossen hat, glaubt nun, er könnte sich ohne weitere Probleme auf den Weg machen. Er hat sich leider geirrt. Alle Verleihfirmen machen hinsichtlich der Wagennutzung Einschränkungen. Normale Personenwagen dürfen in vielen Ländern **nur auf Asphalt gefahren** werden, und Schäden auf unbefestigten Straßen sind vom Versicherungsschutz ausgenommen. In Ländern wie Australien, Südafrika oder Südamerika müssen Sie deshalb manche interessante Gegend vom Reiseplan streichen. Für unbefestigte Straßen zugelassene Geländewagen sind zwar eine Alternative, aber teuer, und nicht bei allen Vermietern zu haben.

Mit dem Wagen unterwegs

Machen Sie sich vor dem Start zunächst einmal mit den **Verkehrsregeln** Ihres Reiselandes vertraut. Sie können von unseren Gepflogenheiten deutlich abweichen, und die Strafen für Verkehrsvergehen fallen woanders sehr oft höher aus als in Deutschland.

Fahrzeugkauf

Manch einer mag im Hinblick auf die hohen Kosten für einen Leihwagen daran denken, sich im Land ein eigenes Fahrzeug zu kaufen. Aber wer sich nicht glaubhaft als kompetenter Fachmann präsentiert, wird mit großer Wahrscheinlichkeit über's Ohr gehauen. Nur wenn Ihnen ein Vertreter des lokalen Automobilclubs als Gutachter zur Seite steht, und wenn der Händler eine wenigstens sechsmonatige Garantie gewährt, kann der Autokauf ein Geschäft sein. Aber damit können Sie natürlich nur bei einem teureren Wagen rechnen. Kauf, Zulassung, Versicherung und alle anderen Formalitäten kosten viel Zeit, und am schwierigsten ist es, den Wagen am Ende der Reise wieder zu einem vernünftigen Preis zu verkaufen. Jeder Autohändler merkt natürlich sofort, dass Sie den Wagen unter allen Umständen loswerden müssen. Außerdem schlagen bei Kauf und Verkauf Verluste durch den Umtausch der eigenen in die Landeswährung und umgekehrt kräftig zu Buche, Reparaturen müssen Sie selbst bezahlen, und bestenfalls wird der Wagen auf einer Reise von mehr als drei Monaten rentabel.

Beim Fahrzeugkauf gibt es durchaus „Billigländer". Dort werden noch Autos wie die legendären Tausenddollarwagen an ahnungslose Touristen verhökert, die der TÜV bei uns sofort stilllegen würde. Fahrzeuge, die verkehrssicher sind und deren technischer Zustand mitteleuropäischem Standard entspricht, sind auch in Billigländern teuer.

Nachtfahrten sind sinnlos, gefährlich und auf schlecht markierten unbefestigten Straßen eine subtile Form des Selbstmords. Es gibt nichts zu sehen, und Sie können sich nirgendwo darauf verlassen, dass die Straße frei von unbeleuchteten Fahrzeugen, Wild, streunenden Haustieren oder schlafenden Anwohnern ist. Manchmal fehlt auch eine Hälfte der Straße, ohne dass Schilder vor dem Absturz in die Tiefe warnen.

Deutsche Autofahrer haben eine geradezu panische Angst vor **Linksverkehr.** Diese Angst in unbegründet, und mir ist mir noch niemand begegnet, der damit ernsthafte Schwierigkeiten gehabt hätte. Nach Meinung der Medizin soll Linksverkehr der Physiologie des Menschen sogar besser angepasst sein als Rechtsverkehr. Natürlich müssen Sie an den ersten Tagen besonders gut aufpassen, und Fehler werden Ihnen vor allem bei der Ausfahrt aus umfriedeten Grundstücken, z.B. bei der Ausfahrt aus dem Depot der Verleihfirma unterlaufen. Nur die Schalter für Scheibenwischer und Blinker verwechseln Sie vermutlich noch tagelang.

Offroad-Fahren

In vielen Ländern ist das Straßennetz mangelhaft ausgebaut, und nur die Hauptstraßen sind asphaltiert. Leider unterschätzen viele Autofahrer die Risiken einer Offroad-Strecke gewaltig.

Geschotterte Straße sind rutschig wie Glatteis und erfordern ein Höchstmaß an Vorsicht und Konzentration. Besonders gefährlich ist, dass sie trotz fehlender Straßendecke zu überhöhter Geschwindigkeit verführen, obwohl 40 km/h vielleicht gerade angemessen wären. Fahren Sie deshalb langsam, treten Sie nur mit viel Gefühl auf das Gaspedal und vermeiden Sie abrupte Lenkbewegungen. Neulinge sind immer wieder erstaunt, wie schnell ein Wagen auf Schotterstraßen umkippen kann. Vor allem das Bremspedal müssen Sie wie ein rohes Ei behandeln. Eine Vollbremsung auf rutschigem Schotter ist eine Unfallgarantie und nur dann gerechtfertigt, wenn eine Kollision mit einem gereizten Elefantenbullen droht.

Ein Sandsturm zieht herauf. Bald wird die Piste kaum noch zu erkennen sein.

Wellblech (engl.: washboard) beschreibt eine Straße mit scharfen, harten Wellen, und auf langen Strecken bewahrt Sie nur ein Geländewagen vor dem Nervenzusammenbruch. „Profis" werden Ihnen raten, auf Wellblech immer mit der höchstmöglichen Geschwindigkeit zu fahren. Dadurch lassen sich die Wellen tatsächlich „überfahren", weil die Reifen nur noch die obere Kante berühren. Dann nimmt aber auch die Bodenhaftung um etwa zwei Drittel ab, und es besteht permanent Schleudergefahr. Auch beim Anfahren, besonders aber beim Abbremsen, kann der Wagen ins Schleudern geraten. Dann müssen Sie das Steuer eisern festhalten und gegebenenfalls dem Gaspedal einen kräftigen Tritt versetzen. Eine flotte Wellblechfahrt geht nur solange gut, bis ein unerwartetes Hindernis auftaucht, das zu plötzlichem Bremsen zwingt, oder ein Schlagloch, das sich nicht mehr überfahren lässt. Zu langsam dürfen Sie allerdings auch wieder nicht fahren, sonst werden die Stöße wirklich unerträglich hart. Die günstigste Dauergeschwindigkeit hängt von Abstand und Schärfe der Bodenwellen ab. Aber auch Federung, Radstand und Steuerung spielen eine Rolle, und stundenlange Wellblechfahrten in ei-

Verkehrsmittel

nem Wagen mit Servolenkung können eine sehr unangenehme Erfahrung sein. Sie müssen jedenfalls selbst ausprobieren, wie Sie am besten zurechtkommen. Die praktische Erfahrung lehrt aber, dass sich die meisten Wagentypen bei 50–60 km/h einigermaßen ruhig verhalten.

Festgefahren?

Haben Sie sich tatsächlich festgefahren, so versuchen Sie es mit der „Schaukeltechnik". Dabei fährt man mit möglichst wenig Gas einige Fußbreit vorwärts und dann wieder zurück. Das wird so oft wiederholt, bis der Wagen freikommt. Wenn das nichts nutzt, müssen die Räder ausgegraben werden. Leider findet sich in einem Leihwagen nur selten ein Spaten. Hat sich der Wagen bis zur Achse eingegraben, so nutzt auch der Spaten nichts mehr. Dann müssen Sie die Räder mit dem Wagenheber anheben, auf eine feste Unterlage (Sandbleche, Bretter, Äste, Reisig oder wenigstens eine Fußmatte) setzen und erneut starten. Wer mit Sand rechnen muss, sollte wenigstens ein paar Bretter mitnehmen.

Sandstraßen sind weniger gefährlich. Bei dünnem Sand auf hartem Untergrund sind sie oft auch mit einem normalen PKW befahrbar und lassen manchmal sogar höhere Geschwindigkeiten zu. Lenkrad, Bremse und Gaspedal dürfen Sie trotzdem nur mit Vorsicht betätigen, denn auch Sandstraßen können „glatt" sein. Tief versandete Buschpfade erfordern allerdings immer einen Geländewagen, und das Erklettern von Dünen ist Profis vorbehalten.

Fahren Sie im Sand in möglichst hohem Gang. In niedrigen Gängen können die Räder durchdrehen, und der Wagen fährt sich fest. Schalten Sie so spät wie möglich herunter, dann aber blitzschnell. Sobald der Wagen einmal steht, ist er nur schwer wieder flott zu machen. Halten Sie das Steuer locker, aber bleiben Sie „zugriffbereit" (es heisst anschaulich: „Im Sand sucht sich der Wagen seinen Weg selbst"). Oft ist der Sand durch andere Fahrzeuge in der Mitte der Straße zusammengefahren. Müssen Sie einem entgegenkommenden Fahrzeug ausweichen, so dürfen Sie nur ganz langsam mit festgehaltenem Steuer auf die andere Seite wechseln. Bei engem Winkel und zu hoher Geschwindigkeit kann sich der Wagen querstellen und umkippen.

So genannte **Erdstraßen** sind bei einiger Vorsicht meist auch mit einem normalen Wagen zu befahren, aber ab und zu sollten Sie einen Blick zum Himmel werfen. Eine bei trockenem Wetter knochenharte Erdstraße kann sich nach einem Regenguss minutenschnell in tiefen Morast oder in glitschige Schmierseife verwandeln, vor der selbst erfahrene Offroad-Fahrer kapitulieren.

Nicht überall sind **Flüsse** überbrückt, und in der Regenzeit können in manchen Ländern auch Hauptstraßen unter Wasser stehen. Einem PKW mit geringer Bodenfreiheit dürfen Sie mehr als knöcheltiefes Wasser nicht zumuten. Die Leistungsfähigkeit von Geländewagen wird oft überschätzt, viele geben schon bei Wassertiefen von mehr als 60–70 cm sehr schnell ihren Geist auf. Die dekorativen „Schnorchel" verhindern zwar, dass Wasser in die Ansaugöffnung des Motors gerät, aber die elektrische Anlage ist nach wie vor dem Wasser ausgesetzt und kann versagen.

Die stereotype Empfehlung von „Experten", die Tiefe eines Gewässers erst einmal zu Fuß auszulo-

Verkehrsmittel

045fi Abb. hs

◁ *Auf der „Hauptstraße" durch den Lakefield-Park (Australien)*

ten zeugt nicht von Praxiskenntnis. Kein vernünftiger Mensch wird es riskieren, einen eiskalten, reißenden Gletscherfluss zu durchwaten, und auch die krokodilverseuchten Flüsse Australiens sind für solche Experimente ungeeignet. Warten Sie im Zweifelsfalle einfach so lange, bis jemand anders die Durchquerung wagt. Das ist keine Feigheit, sondern gesunder Selbsterhaltungstrieb. Der Wasserspiegel von Gletscherflüssen steigt übrigens im Verlauf des Tages durch Schmelzwasser an, und im Morgengrauen ist die Durchfahrt einfacher.

Eine Urform der Straße ist die **Piste** (engl.: track, franz.: piste). Als Piste wurden ursprünglich nur Fahrspuren bezeichnet, die andere Fahrzeuge in Busch, Steppe oder Wüste hinterlassen haben. In der letzten Zeit wird der Ausdruck allerdings immer inflationärer verwendet, und oft sind auf Landkarten als Piste eingezeichnete Strecken nur schlechte Straßen, die mit jedem robusten PKW zu bewältigen sind. Gehen Sie bei Ihrer Planung aber zunächst davon aus, dass Sie einen Geländewagen brauchen.

Der Verlauf „echter" Pisten ist dagegen nicht überall deutlich zu erkennen, und die großen Transsaharapisten können sich auf eine Breite bis zu 50 km auffächern. Dann wird die Orientierung zum Problem, und Sie können sich fürchterlich verfahren. Immer wieder werden Sie auf Abzweigungen stoßen, die auf keiner Karte verzeichnet sind, und denen Sie unter keinen Umständen in der Hoffnung folgen dürfen, sie würden schon zu irgendeiner

> **Flussdurchfahrt**
>
> *Legen Sie den Geländegang (nicht nur den Allradantrieb!) ein und fahren Sie langsam, aber zügig. Der Fuß bleibt auf dem Gaspedal, die Bremse ist tabu. Falls Sie mitten im Fluss steckenbleiben und der Motor setzt aus, so können Sie nur darauf hoffen, dass jemand vorbeikommt und Sie aufs Trockne schleppt. Versuchen Sie nicht, den Motor unter Wasser wieder anzulassen, damit würden Sie ihn mit größter Wahrscheinlichkeit ruinieren. Lebensgefährlich wird eine Flussdurchfahrt dann, wenn der Wagen in tiefem Wasser aufschwimmt und umzukippen droht.*

menschlichen Ansiedlung führen. Vor Pisten ohne erkennbaren Verlauf und ohne eindeutige Markierungen durch Eisenpfähle, Steinmännchen und dergleichen ist dringend zu warnen, und wer wider Erwarten auf solche Strecken gerät, sollte schleunigst umkehren. Kommen Sie bitte auch nicht auf die Idee, querfeldein zu fahren und sich den Weg mit Hilfe eines Satellitennavigationsgerätes zu suchen. Touren, auf denen solche Instrumente tatsächlich erforderlich sind, setzen nicht nur eine erstklassige Ausrüstung, Ersatzteile und gute technische Kenntnisse, sondern auch viel Erfahrung voraus.

 Vor dem Start melden Sie sich bei der letzten Polizeistation ab und nach der Ankunft beim nächsterreichbaren Posten wieder an. Oft ist aber den Polizisten die ganze Prozedur lästig, und die Registrierung wird abgelehnt. Manchmal ist sie aber auch Vorschrift, und wer sie unterlässt, handelt sich Ärger ein. Statten Sie deshalb der Polizei in jedem Fall einen Besuch ab. Zumindest können Sie sich dort oder bei der letzten Tankstelle über die augenblicklichen Straßenverhältnisse informieren. Ist die Straße gerade von einem Straßenhobel (engl.: grader) planiert worden, so kann sie in gutem Zustand sein. Ein Sandsturm oder ein Regenguss macht sie dagegen in wenigen Minuten unpassierbar.

Auf allen einsamen Strecken sind reichlich bemessene **Notreserven** an Treibstoff, Trinkwasser, Verpflegung sowie eine Zeltausrüstung ein Muss. Trinkwasservorrat bedeutet aber nicht, ein paar Dosen Bier und eine Thermoskanne mit Kaffee, sondern einige Zwanzigliterkanister mit Wasser. Bei großer Hitze kann der Wasserbedarf auf mehr als fünf Liter pro Tag ansteigen, und bei einer Temperatur von 43

Grad beträgt die Überlebenszeit ohne Wasser höchstens drei Tage.

Treibstoff darf nur in Stahlkanistern transportiert werden. Trotzdem müssen Sie sich darüber klar sein, dass mit Benzinkanistern beladene Wagen rollende Bomben sind. Diesel ist weniger gefährlich.

Natürlich ist selbst die Ladekapazität eines Geländewagens begrenzt. Fragen Sie deshalb vor dem Start nach Tankstellen und Wasserstellen. Je abgelegener die Gegend, desto unzuverlässiger werden aber Auskünfte, und in Afrika ist auf das Wort Einheimischer am wenigsten Verlass. Dann ist von Tankstellen die Rede, die schon seit Jahren im Treibsand versunken sind und von Wasserlöchern, die seit Generationen ausgetrocknet oder für Laien unauffindbar sind. In Australien sind neuerdings viele Geländewagen mit Doppeltanks ausgestattet, die 140-180 Liter Treibstoff fassen. Die meisten Outbackstrecken sind dann auch ohne Reservekanister zu befahren.

Keine Touren mit dem Motorrad!

Motorradfreaks sollten sich den Gedanken an Strecken mit unsicherer Versorgungslage ganz schnell abschminken. Motorräder mit einem guten Fahrer sind zwar die geländegängigsten Fahrzeuge überhaupt, aber es ist praktisch unmöglich, ausreichende Vorräte an Treibstoff und Trinkwasser mitzunehmen.

Die wenigsten Reisenden verfügen über fundierte technische Kenntnisse und sind bei **Pannen** völlig hilflos. Aber wenigstens einen Radwechsel müssen Sie selbst vornehmen können. Ein zweites Ersatzrad sollten Sie schon bei der Buchung anfordern, und Unternehmen, deren Kunden schon öfter wegen einer banalen Reifenpanne im Nirgendwo hängengeblieben sind, haben dafür meist Verständnis.

Streng genommen sollten Sie schwierige Strecken eigentlich nur mit zwei Wagen im Konvoi befahren oder sich anderen Fahrern anschließen. In der Praxis sind solche Vorsichtsmaßregeln leider nur in Ausnahmefällen zu realisieren.

Haben Sie tatsächlich das Pech, auf einer menschenleeren Piste liegenzubleiben, so gibt es eine eiserne Regel: **Immer beim Wagen bleiben.** Nur dann haben Sie eine reelle Chance, von Vorbeikommenden aufgelesen oder von einem Suchtrupp gefunden zu werden. Bleiben Sie im Schatten, bewegen Sie sich möglichst wenig und konsumieren Sie Ihren Trinkwasservorrat nach Bedarf. Die früher sakrosankte Trinkwasserrationierung (jeden Tage nur drei Teeöffel) ist nach heutigen Erkenntnissen nicht mehr sinnvoll.

Der Versuch, eine ferne Ansiedlung zu Fuß zu erreichen, hat dagegen schon oft ein tragisches Ende gefunden. Wer sich ohne Wasser bei mehr als vierzig Grad Hitze und praller Sonne auf den Weg macht, hat nur eine Überlebenszeit von wenigen Stunden. Auf den großen Saharapisten oder im australischen Outback kommen jedes Jahr 50–100 Menschen um. In Reiseprospekten werden solche Vorkommnisse natürlich nicht erwähnt.

In Australien sind manche Geländewagen für Outbackfahrten mit einem „emergency button" (Notrufknopf) ausgestattet. Haben Sie sich hoffnungslos verfahren, so wird die Position des Fahrzeugs bei Betätigung des Knopfes über Satellit an eine Zentrale gemeldet. Die Rettungsaktion müssen Sie natürlich selbst bezahlen. Notrufeinrichtungen können auch ausgeliehen werden (deshalb rechtzeitig buchen!).

Verkehrsmittel

▶ *Tempelanlage*
auf Lantau
(Hongkong)

Sicher unterwegs

Sicherheitsfragen

Sicherheitsbewusstes Verhalten

Besonders wichtig für Ihre Sicherheit ist das persönliche Auftreten.

> ⚠ **Mit einem unauffälligen Erscheinungsbild und sicherem Auftreten lassen sich viele kritische Situationen vermeiden.** Vermeiden Sie alles, was Sie schon auf den ersten Blick als Touristen kenntlich macht. Lächerliche Urlaubsbekleidung und vor dem Bauch herumbaumelnde teure Fotoapparate animieren oft zur Straftat.

Literaturtipp

Eine Fülle praxiserprobter Hinweise und Verhaltenstipps zu allen Fragen der persönlichen Sicherheit auf Reisen enthält der ebenfalls in der Praxis-Reihe erschienene Band „Schutz vor Gewalt und Kriminalität unterwegs" von Matthias Faermann. ISBN 3-89416-756-4

Großstädte sind oft ein gefährliches Pflaster, selbst wenn auf dem Land noch paradiesische Zustände herrschen. In finsteren Vierteln fallen Sie sofort als gut betuchter Besucher auf, der sich offensichtlich verlaufen hat und nun nach dem richtigen Weg sucht.

> ⚠ Wenn Sie durch einen dummen Zufall wirklich in solche Gegenden geraten sind, so sollten Sie sich einen energischen Schritt zulegen und damit dokumentieren, dass Sie sich auskennen und einem festen Ziel zustreben. Reagieren Sie nicht auf Zurufe, Pfiffe und das in vielen Ländern übliche ekelhafte Anzischen. Vermeiden Sie Blickkontakte und lassen Sie sich nicht ansprechen. Wer stehenbleibt und sich ansprechen lässt, demonstriert Unsicherheit und ermutigt zu einem Angriff.

> ⚠ **Haben Sie tatsächlich das Pech, Opfer eines Überfalls zu werden, so wäre jede Gegenwehr Selbstmord.** Der Angreifer ist Ihnen

in seiner gewohnten Umgebung immer überlegen. Auch der vorher absolvierte Selbstverteidigungskurs wiegt nur in trügerischer Sicherheit, denn gegenüber bewaffneten Angreifern haben selbst erfahrene Kampfsportler schlechte Karten. Kleinere Geldbeträge in leicht zugänglichen Taschen können einen Straßenräuber manchmal zufriedenstellen, und Sie vermeiden größere Verluste.

Hilferuf „Feuer"
Rufen Sie in der Landessprache „Feuer". Davon fühlt sich jeder betroffen. Der Ruf „Hilfe" wird dagegen auch bei uns gern überhört.

Nur bei einem offensichtlichen Angriff auf Leib und Leben müssen Sie sich mit allen Mitteln verteidigen.

- Stoßen Sie einen lauten „Karateschrei" aus und werfen Sie dem Angreifer irgendetwas (z.B. ein Schlüsselbund) ins Gesicht. Dadurch gewinnen Sie vielleicht ein paar Sekunden Zeit zur Flucht.
- Treten Sie in die Genitalien oder versuchen Sie, mit gespreizten Fingern in die Augen zu stechen. Das muss aber mit aller Kraft und der erklärten Absicht geschehen, den Gegner möglichst schwer zu verletzen. Jede Rücksichtnahme ist dann fehl am Platz, und nichts ist gefährlicher als eine halbherzige Abwehr.

Kommen Sie aber trotzdem nicht auf die Idee, sich mit einer wie auch immer gearteten Waffe auszustatten. Das Mitführen von Waffen ist überall verboten, und dazu zählen auch feststehende oder feststellbare Messer. Im Ernstfall richten Sie damit gegen einen skrupellosen Angreifer ohnehin nichts aus.

Sicher unterwegs

Glücklicherweise entwickeln Alleinreisende sehr bald ein feines Gespür für die persönliche Sicherheit und merken schnell, wann es geraten ist, den Rückzug anzutreten.

Wertsachen sicher aufbewahren

Ein besonderes Problem ist die sichere Unterbringung von Wertsachen. Die Gesäßtasche ist der schlechteste Platz, und auch der klassische **Brustbeutel** bietet keine Sicherheit mehr. Langfinger wissen mittlerweile sehr gut, dass viele Reisende ihr Geld um den Hals tragen. Ein ausreichend hoher Sicherheitsgeldbetrag sollte immer getrennt von der Reisekasse aufbewahrt werden.

Gegen Aufschneiden sichern

Viele käuflichen Wertpapierbehältnisse haben den Nachteil, dass sie aus Gewebe oder dünnem Leder gefertigt und an ebenso wenig widerstandsfähigen Riemen befestigt sind, die sich im Gedränge leicht durchschneiden oder sogar mit einem Ruck abreißen lassen. Sie werden sicherer (und lästiger), wenn Sie alle kritischen Partien durch aufgenähte dünne Ketten oder Fliegendraht aus Metall verstärken. Einfaches Durchschneiden mit dem Rasiermesser ist dann nicht mehr möglich.

Besser sind **zuknöpfbare Innentaschen und Schulterhalfter,** obwohl sie für Profis auch kein Problem darstellen. **Geldgürtel** sind nur für ein paar zerknüllte Scheine gut, und nicht einmal die Kreditkarte hat darin Platz.

In den letzten Jahren haben sich die bekannten **„Bauchläden"** immer mehr eingebürgert. Sie haben den Vorteil, dass Sie Ihre Wertsachen im Auge und notfalls auch in der Hand behalten können. Auf der anderen Seite zeigen Sie natürlich jedem Kriminellen, wo etwas zu holen ist.

Eine Alternative sind **Gürteltaschen aus dickem Leder.** So etwas ist im Handel leider schwer zu beschaffen, und Sie müssen evt. zum Eigenbau schreiten. Gürteltaschen sind natürlich noch provozierender als Bauchläden und erfordern starkes Selbstbewusstsein. Dafür werden sie aber manchmal mit Pistolentaschen verwechselt und lassen ihren Träger gefährlich erscheinen.

Im Hotel gehören Wertsachen in den **Hotelsafe,** es sei denn, Sie sind in einer finsteren Absteige gelandet, wo Sie die Tür mit Möbeln verrammeln und hinter der Barrikade umsichtig Wache halten müssen. Wenn Sie den Safe der Rezeption nutzen, so lassen Sie sich den Empfang Ihrer Wertsachen in einem detaillierten Protokoll bestätigen.

Nun aber zur primitivsten Regel, die immer wieder missachtet wird: **Führen Sie Wertsachen jeder Art vom Bargeld bis zum Reisepass immer bei sich und lassen Sie sie niemals aus den Augen.** Wenn man sieht, wie leichtsinnig viele Touristen Geld und Papiere im Auto oder im Hotelzimmer herumliegen lassen, so kommt man aus dem Staunen überhaupt nicht mehr heraus. Gibt es keinen Hotelsafe, so muss selbst am Swimmingpool einer auf die Wertsachen aufpassen, während sich der andere im Wasser tummelt. Wer allein ist und niemanden zum Aufpassen hat, muss auf das Bad verzichten.

Kreditkarten, Reiseschecks und die dazugehörigen Kauf- und Umtauschbestätigungen gehören ebenso wie Pass und Personalausweis in verschiedene Taschen. Reisende Pärchen sollten die Papiere aufteilen.

Fertigen Sie als zusätzliche Sicherheitsmaßnahme von wichtigen Dokumenten und Flugtickets Fotokopien an und verstecken Sie sie zusammen mit den Telefonnummern zur Sperrung Ihrer Kreditkarten an einem sicheren Ort.

Sicher unterwegs

Hilfe im Notfall

Sieht man von Angriffen auf Leib und Leben ab, so werden die meisten Notfälle im Ausland den Verlust von Geld und Dokumenten betreffen. Geht die Reisekasse verloren, so ist es von Vorteil, wenn Sie schon zu Hause mit einer Person Ihres Vertrauens geklärt haben, auf welchem Weg Überweisungen getätigt werden können.

Auf Ihre Hausbank sollten Sie dabei aber nicht vertrauen. Die Mitarbeiter kleinerer Filialen sind mit solchen Fragen überfordert, und **reguläre Überweisungen an ein Bankinstitut im Ausland** dauern – wenn sie überhaupt möglich sind – so lange, dass Sie vermutlich in der Zwischenzeit verhungern.

Eine bessere Alternative sind **Blitzüberweisungen,** auf die die Deutsche Verkehrsbank spezialisiert ist. Sie arbeitet mit der Western Union zusammen, die weltweit Filialen unterhält. Der Betrag wird in Deutschland eingezahlt, und man erhält eine zehnstellige Nummer, die telefonisch ins Reiseland übermittelt wird und neben dem hoffentlich noch vorhandenen Ausweis als Identifikation des Abholers gilt. Ob das wirklich funktioniert, habe ich glücklicherweise noch nicht ausprobieren müssen.

Für die Ausstellung eines Ersatzpasses sind die **Deutschen Botschaften bzw. Konsulate** zuständig. Falls noch Fotokopien Ihrer Dokumente existieren, geht es meist schneller. Geldhilfen können Sie dagegen nur in Form eines Rückflugtickets erwarten, das natürlich zu Hause bezahlt werden muss.

Die Auslandsvertretungen sind nur für echte Notfälle da, wenn alle eigenen Möglichkeiten ausgeschöpft sind. Der Umgangston ist allerdings oft recht unfreundlich, denn dem Vernehmen nach werden die Konsulate oft mit Lappalien oder von Landsleuten belästigt, die ihre Schwierigkeiten Dummheit oder bodenlosem Leichtsinn verdanken.

Umgang mit Menschen

Allgemeine Verhaltensregeln

Von keinem Reisenden kann man erwarten, dass er die Regeln und Rituale des Miteinanders in jedem Land der Welt beherrscht, und zumindest in den Städten werden kleinere Benimmfehler meist toleriert. Auf dem Land sind die Menschen allerdings weniger duldsam, und falsches Benehmen kann schnell ernsthafte Missstimmungen oder sogar gefährliche Reaktionen auslösen.

 Gutes Benehmen wird leichter, wenn Sie sich von negativen und positiven Vorurteilen frei machen, obwohl das vielgeschmähte Vorurteil sehr oft ein durch lange Erfahrung begründetes Urteil ist, das erst durch kritiklose Verallgemeinerung und Übertragung auf den Einzelnen seinen fragwürdigen Charakter erhält. Negative Vorurteile machen befangen und positive führen zu Enttäuschungen, wenn die Realität nicht mit den Erwartungen übereinstimmt. Beides schlägt sich im Benehmen nieder, ob Sie es wollen oder nicht.

Jede Reise, die sich nicht auf den Aufenthalt in einem Ferienclub beschränkt, verführt zwangsläufig dazu, sich über ein Land und seine Bewohner ein Urteil zu bilden. Das ist nicht verwerflich, sondern durchaus legitim. Nicht jede Kritik ist anmaßend, und nicht alles, was wir als negativ empfinden, lässt sich mit Tradition oder einer anderen Mentalität erklären. Trotzdem sollten unerfreuliche Erfahrungen Ihr Verhalten nicht beeinflussen.

Aber auch die Neigung, alle Bewohner eines Reiselandes zu Heiligen hochzustilisieren, versperrt den Blick für die Realität und liefert ein schiefes Bild.

Literaturtipp
Bei Reise Know-How erscheint die Reihe „KulturSchock". Die Bände erläutern Ursachen und Hintergründe für die ungewohnten Denk- und Verhaltensweisen der Menschen im jeweiligen Reiseland und geben wertvolle Hinweise für das eigene Auftreten in typischen Reisesituationen. Erschienen sind u.a. Bände über Thailand, Indien, China, Mexiko, Iran, Vietnam und Japan.

Sicher unterwegs

Viele Afrikaner begegnen Fremden mit einer überwältigenden Freundlichkeit, solange sie ihn für wohlhabend halten und der Meinung sind, dass sich aus seiner Anwesenheit persönliche Vorteile ziehen lassen. Erweist sich die Annahme als irrig, so wird der neue Freund ganz schnell zur Unperson. Natürlich ist mir auch in Afrika uneigennützige Hilfsbereitschaft begegnet, aber sie ist genauso selten wie in Europa. Positive Erfahrungen sollten Ihr Verhalten ebensowenig beeinflussen wie negative.

Traditionelle Gastfreundschaft

Auch die in vielen orientalischen Ländern geübte Gastfreundschaft hat zwei Gesichter. Wird sie Ihnen bei uns in vergleichbarer Form entgegengebracht, so ist das ein Beweis für ein ungewöhnliches Maß an Wertschätzung. In den moslemischen Ländern ist Gastlichkeit dagegen eine gesellschaftliche und religiöse Verpflichtung, hat wenig mit persönlicher Sympathie zu tun und kann für den Gastgeber durchaus eine unangenehme Belastung sein.

Auch wenn sie Ihnen begründet erscheint, vermeiden Sie Kritik. Komplimente können dagegen nichts schaden, auch wenn sie vielleicht nicht immer Ausdruck Ihrer persönlichen Meinung sind. Es gibt jedenfalls keinen Grund, warum Sie einen Afrikaner nicht zu seinen vielen Söhnen beglückwünschen sollten. Das Problem der Überbevölkerung werden Sie mit Ihrer Kritik nicht lösen.

Darüber hinaus gibt es für den Umgang mit Menschen Regeln, mit denen Sie weltweit nur wenig falsch machen können.

Wenn Sie gar keine Ahnung von Sitten und Gebräuchen haben, so benehmen Sie sich so, wie Sie es in einem sehr konservativen Land Europas täten. Die meisten Menschen erkennen den Wunsch, Höflichkeit und gutes Benehmen an den Tag zu legen, auch dann, wenn ihr Gegenüber aus einem anderen Kulturkreis kommt und eine andere Sprache spricht. Unhöflichkeit und Missachtung werden aber ebenso genau registriert.

Mit der Zeichensprache müssen Sie allerdings vorsichtig sein, weil immer damit zu rechnen ist, dass in Europa übliche harmlose Gesten falsch ausgelegt oder sogar als schwere Beleidigung interpretiert werden. Nur ein freundliches Lächeln versteht jeder.

Eine grobe Unhöflichkeit ist das taktlose Fotografieren. Selbst Aufgeklärte, die nicht mehr glauben, dass ihnen ein Foto die Seele stiehlt, fühlen sich belästigt und zum Objekt herabgewürdigt. Wenn Sie schon fotografieren müssen, so fragen Sie bitte vorher um Erlaubnis oder benutzen Sie wenigstens ein Teleobjektiv. In manchen Touristengegenden wird allerdings aus der Fotografierwut auch ein Geschäft gemacht, und die Modelle lassen sich nur noch gegen Honorar ablichten.

Brücken, Bahnhöfe, Flughäfen, Staumauern, Soldaten und Polizisten dürfen Sie nur in westlichen Demokratien ungeniert auf den Film bannen. Überall sonst besteht die Gefahr, dass man Ihnen das Foto als Spionage auslegt, und Sie handeln sich großen Ärger ein. Den Film sind Sie auf jeden Fall los.

Werden Sie bei Auseinandersetzungen niemals laut. Lautstarkes Schimpfen gilt auch bei uns als unfein, wird aber als Bestandteil der Streitkultur hingenommen. Gegenüber einem Asiaten machen Sie sich mit Gebrüll lächerlich und werden nicht mehr ernst genommen.

Sicher unterwegs

In buddhistischen Ländern gilt es als sehr unhöflich, dem Gegenüber die Fußsohlen oder die Fußspitzen zuzukehren. Wer gar die Beine übereinander schlägt und mit dem Fuß wippt, dokumentiert damit äußerste Aggressivität.

Der Kopf eines Menschen darf nicht berührt werden. Widerstehen Sie also der Versuchung, Kindern über die Haare zu streichen, auch wenn sie noch so „süß" sind.

Wenn Sie ein Moslem oder Hindu zum Essen einlädt, so dürfen Sie nur mit der rechten Hand zugreifen, die Linke ist unrein. Dabei kommen nur Daumen, Zeigefinger und Mittelfinger zum Einsatz. Mit der ganzen Hand in ein dampfendes Reisgericht zu greifen, verrät mangelnde Kinderstube. Zeigen Sie aber ruhig lautstark, dass es Ihnen schmeckt.

▶ *Häuptling mit Gefolge – die soziale Rangordnung im Gastland sollte respektiert werden (Niger).*

> **Bedanken Sie sich für die Einladung mit einem passenden Geschenk.** Mit Ramsch ist nirgendwo mehr ein Blumentopf zu gewinnen, und Sie müssen sich schon etwas einfallen lassen. Chinesen erwarten mindestens zwei Geschenke (also z.B. zwei Flaschen Reisschnaps). Eine ungerade Zahl bringt Unglück. Einfache Leute freuen sich manchmal über eine Armbanduhr. Am eindrucksvollsten ist es, wenn Sie ihre eigene Uhr vom Handgelenk nehmen und dem Gastgeber überreichen. Nur in Südamerika können Sie sich notfalls mit Familienfotos aus der Affäre ziehen.

Umgang der Geschlechter

Am gefährlichsten sind Benimmfehler, die den **Umgang der Geschlechter miteinander** betreffen oder religiöse Gefühle verletzen. Machen Sie sich klar, dass in dieser Hinsicht nirgendwo mehr Toleranz herrscht als in Europa.

> **Falls Sie sich nicht in rein westlich orientierten Kreisen bewegen, so nehmen Sie als Mann von Frauen am besten überhaupt keine Notiz** und vermeiden im Gespräch jede Frage nach weiblichen Familienangehörigen.

> **In vielen Ländern ist in der Öffentlichkeit jeder Körperkontakt zum anderen Geschlecht verpönt.** Deshalb sollten auch Verliebte mit dem Händchenhalten warten, bis sie allein sind. Noch vorsichtiger müssen Sie natürlich im Umgang mit Einheimischen sein. Selbst in den USA gibt es noch Gegenden, wo Ihnen eine Frau die zur Begrüßung ausgestreckte Hand als sexuelle Belästigung auslegt. Warten Sie lieber, bis die Frau den ersten Schritt tut.

Sicher unterwegs

Umgang mit religiösen Sitten und Gebräuchen

Größte Zurückhaltung ist vor allem im Umgang mit religiösen Traditionen und beim Besuch religiöser Einrichtungen geboten.

Im **Ramadan,** dem islamischen Fastenmonat, ist den Gläubigen tagsüber Essen, Trinken und Rauchen verboten, und es ist eine Geste der Höflichkeit, wenn Sie dann nicht gerade an einem Sandwich kauend durch die Straßen schlendern. Raucher, die von ihrer Zigarette nicht lassen können, sollten sich einen stillen Winkel suchen, wo sie niemand sieht.

Wollen Sie eine Moschee besuchen, so fragen Sie bitte vorher um Erlaubnis. In vielen islamischen Ländern sind Moscheebesuche problemlos möglich, in anderen würden sie einen Volksaufstand auslösen. Sind die Sitten besonders streng so, gibt es für Männer und Frauen gesonderte Eingänge. Selbstverständlich müssen Sie die Schuhe ausziehen und auf korrekte Bekleidung (eventuell auch eine Kopfbedeckung) achten. Für nachlässig angezogene Besucher gibt es manchmal am Eingang leihweise züchtige Umhänge.

Die meisten hinduistischen (Ausnahme Nepal) und buddhistischen Tempel stehen auch Besuchern offen. Unterlassen Sie aber bei rituellen Handlungen das Fotografieren. Selbst tolerante Gläubige kann man damit verärgern, und wer versucht, Leichenverbrennungen an heiligen Flüssen zu knipsen, begibt sich in Lebensgefahr.

Angemessene Bekleidung

Gutes Benehmen drückt sich auch in der Kleidung aus. Die zerrissenen Kleidungsstücke, die manche Leute als Ausdruck ihres Lebensgefühls mit Stolz tragen, empfinden die meisten Menschen in den Urlaubsländern als eine eklatante Unhöflichkeit und einen Ausdruck provozierender Missachtung. Gepflegte europäische Bekleidung wird dagegen überall als korrekt anerkannt.

Das gilt natürlich nicht für **lässige Urlaubsbekleidung wie Bermuda-Shorts oder Hawaii-Hemden.** Selbst wenn Sie damit keine Gefühle verletzen, so machen Sie sich zumindest lächerlich. In einigen Ländern bewirkt **landesübliche Tracht** an Urlaubern ähnliches.

Körperenge Kleidung gilt in vielen konservativen Ländern als provozierend. Eine weite Bekleidung, die den ganzen Körper bedeckt, ist dagegen immer richtig, und ein Kopftuch kann Frauen vor scheelen Blicken und gelegentlichen Steinwürfen schützen.

Shorts und T-Shirts werden nur sehr selten als korrekt anerkannt, und selbst gepflegte Jeans können Missbilligung auslösen. Normale lange Hosen und Hemden mit Arm und Kragen werden dagegen akzeptiert.

Für **Badeschuhe** gibt es überall die rote Karte. Selbst **Sandalen** aus dem Designer-Shop werden nicht immer gern gesehen. Ein Paar normale Halbschuhe sind kein Fehlgriff. In vielen Bars und Restaurants werden Gäste mit dem Schild: „No sandals, no jeans, no collarless shirts" zur Ordnung gerufen.

Sicher unterwegs

Umgang mit Geld

Zum reibungslosen Miteinander gehört schließlich auch ein vernünftiger Umgang mit Geld. Die in „Drittweltländern" vielfach üblichen **höheren Preise für Ausländer** sollten Sie übersehen. Selbst als weniger gut betuchter Reisender sind Sie, verglichen mit den Einheimischen, immer noch wohlhabend. Zahlen Sie also in der Garküche für Ihre Reissuppe ruhig zwanzig Pfennig mehr. Die Preise verderben Sie damit nicht.

Protestieren Sie aber gegen Forderungen, die jedes Augenmaß vermissen lassen, und aus denen sich nur der Schluss ziehen lässt, dass man Sie für einen kompletten Idioten hält.

Das leidige Trinkgeldproblem

„Freiwillige Zuwendung"

Manchmal enthalten Rechnungen eine Spalte „Freiwillige Zuwendung" als Synonym für Trinkgeld. Diese Spalte müssen Sie ganz streichen oder einen angemessenen Betrag eintragen. Bei Kreditkartenzahlung kann der Empfänger sonst nachträglich jede Summe einsetzen, und Sie merken erst bei der Abrechnung, dass man Sie übers Ohr gehauen hat.

Reisende betrachten Trinkgeld oft als Anerkennung für besonders guten und aufmerksamen Service. Das ist leider ein Irrtum.

In manchen Ländern ist der Service im Preis nicht inbegriffen, und das Personal erhält überhaupt kein Gehalt oder nur einen lächerlichen Betrag. Dann sind Trinkgelder die einzige Einnahmequelle, die Bedienung muss gesondert bezahlt, und ein Trinkgeld von etwa 15 % des Rechnungsbetrages fest einkalkuliert werden. In den USA werden 10 % schon als indirekte Beschwerde über schlechten Service interpretiert, und wer versucht, sich ganz um das Trinkgeld zu drücken, riskiert einen Aufstand.

Aber auch dort ändern sich die Sitten, und in einigen Staaten ist das Bedienungsgeld bereits im

Rechnungsbetrag enthalten. Das hindert aber manche Restaurantbesitzer keineswegs daran, die Rechnung mit dem Vermerk „Service nicht eingeschlossen" zu präsentieren und das Bedienungsgeld zweimal zu kassieren.

Bettelei

Eine besonders aggressive Form der Bettelei ist das vor allem in Ägypten und Marokko verbreitete Geschrei nach „Bakschisch". Trinkgeld ohne erkennbare Gegenleistung sollten Sie aber überall verweigern. Vor allem Kinder kommen sonst sehr schnell dahinter, dass mit Bettelei mehr zu verdienen ist als mit Arbeit.

Mit 5-10 % für guten Service liegen Sie weltweit im sicheren Bereich. Kleinstbeträge verletzen dagegen die Würde des Bedachten. Wer andererseits durch unangemessen hohes Trinkgeld das Wohlwollen des Personals erkaufen will, macht sich lächerlich.

Ob Sie den **Rechnungsbetrag aufrunden oder das Trinkgeld gesondert** überreichen, bleibt Ihnen überlassen. Nur in den spanisch sprechenden Ländern lässt man einfach ein paar Münzen auf dem Tisch oder auf dem Teller mit der Rechnung liegen.

Gepäckträger im Hotel sind im Mittel mit einer Mark, in sehr teuren Reiseländern mit einem Dollar pro Gepäckstück gut bedient.

In **Australien** ist Trinkgeld nur in teuren Lokalen bei besonders gutem Service angebracht, und in **Neuseeland** ist es noch verpönt.

Verhalten gegenüber Beamten

Ein ganz besonders heikles Kapitel ist der Umgang mit Beamten. Kontakte mit Staatsdienern sind oft unerfreulich, denn in vielen Ländern sind sie nur ein

Sicher unterwegs

Machtfaktor und keineswegs dazu da, die Interessen des Bürgers bzw. des Touristen zu schützen.

> **[!]** Versuchen Sie nicht, unsere Vorstellung von der Polizei auf andere Länder zu übertragen. Der Polizist ist weder Ihr Freund noch Ihr Helfer, und manchmal wird schon die Bitte um Auskunft als Respektlosigkeit ausgelegt. Behelligen Sie mit solchen Fragen gar Militärangehörige, und das gilt besonders in der Türkei, so outen Sie sich damit automatisch als Spion.

> **[!]** **Versuchen Sie niemals und nirgendwo, Beamte zu bestechen, wenn Sie nicht ganz genau die Spielregeln kennen.** Das unverblümte Angebot einer Bestechung kränkt nämlich den Stolz jedes Beamten. Erwartet er ein kleines Geschenk, so wird er Sie zum Beispiel bei der Abfertigung stehen lassen (dezent), Ihnen Gebühren ohne Quittung berechnen (deutlich) oder Sie zu einem Bußgeld für eine imaginäre Ordnungswidrigkeit verdonnern (überdeutlich). Wer erfolgreich bestechen will, muss wissen: Wen?, Wieviel?, Wann? und Wo?, und das ist eine Kunst, die nur Profis mit viel Erfahrung beherrschen. Im Notfall ist eine Spende für die Witwen- und Waisenkasse am wenigsten verfänglich.

> **[!]** **Beamte sind Respektspersonen, und eine dezent unterwürfige Haltung kann kleinere Probleme aus dem Weg räumen.** Lassen Sie sich deshalb auch bei den langwierigsten Kontrollen und der provozierendsten Umständlichkeit keine Ungeduld anmerken.

> **[!]** **Vermeiden Sie es vor allem, einen Beamten bei Auseinandersetzungen vor eine Entwe-**

der-Oder-Situation zu stellen. Um sein Gesicht zu wahren, wird er sich immer zu Ihren Ungunsten entscheiden.

⚠ **Die bei uns manchmal sehr wirkungsvolle Drohung mit einer Beschwerde verfängt im Ausland nur selten,** und Sie kommen meist besser weg, wenn Sie sich „kooperativ" zeigen und kleinere Schikanen geduldig ertragen. Vergessen Sie nicht, dass Ihr Gegenüber immer am längeren Hebel sitzt.

⚠ In manchen Ländern stellen **Polizei und Militärkontrollen** die Geduld des Autofahrers auf eine harte Probe. Fahren Sie an Sperren nur im Schrittempo heran, bremsen Sie rechtzeitig, stellen Sie den Motor ab, lassen Sie die Hände am Steuer (besonders in den USA) und holen Sie Ihre Papiere erst nach Aufforderung aus der Tasche. Auch an Kontrollposten ohne Schranke dürfen Sie nicht vorbeipreschen, sondern müssen warten, bis man Sie durchwinkt oder zum Anhalten auffordert.

Interesse bekunden

An selten frequentierten Posten und in wenig besuchten Amtsstuben langweilen sich die Beamten manchmal zu Tode. Dann können Sie versuchen, mit ein paar freundlichen Worten etwas zur Unterhaltung beizutragen und dem amtlichen Vorgang eine persönliche Note zu verleihen. Wenn sich jemand für die technischen Daten Ihres Wagens oder das Preisniveau in Deutschland interessiert, so nehmen Sie sich ruhig Zeit für ein Gespräch. Manchmal bekommen Sie dabei selbst die eine oder die andere interessante Information. Ob das eine geeignete Strategie ist, bleibt Ihrem Feingefühl überlassen.

113fi Abb.: kw

Sicher unterwegs

Auf Reisen gesund bleiben

Vorbeugung

Eine gut ausgestattete Reiseapotheke beruhigt. Ob sie immer etwas nutzt, muss bezweifelt werden. Leider sind die meisten Touristen medizinische Analphabeten und kaum in der Lage, wirksame Medikamente sinnvoll einzusetzen. Das gilt besonders für Reisen in tropische Länder mit besonders hohem Gesundheitsrisiko. Schon ein durchschnittlicher deutscher Arzt hat mit Tropenkrankheiten Probleme, um so weniger kann man von einem Laien eine richtige Diagnose und erst recht keine richtige Behandlung erwarten. Die beste Gesundheitsvorsorge sind deshalb Vorbeugung und Vorsicht. Vor den Tipps so genannter Landeskenner ist aber wieder einmal eindringlich zu warnen. Einheimische oder im Land ansässige Europäer pflegen die gesundheitlichen Risiken für Reisende zu unterschätzen.

Impfschutz

Die wichtigste Vorbeugung ist ein umfassender Impfschutz. Impfschäden sind zwar niemals sicher auszuschließen, aber das Risiko, sich eine böse Krankheit einzuhandeln, gegen die ein Schutz möglich gewesen wäre, ist um ein Vielfaches größer. Das ist vor allem für Touristen wichtig, die Länder mit niedrigem hygienischem Standard bereisen oder mit dem Zelt in der Wildnis unterwegs sind. In Fünfsternehotels ist die Infektionsgefahr zwar geringer, aber wer eine „Safari" bucht, muss sich darüber klar sein, dass er dann wieder zusätzlichen Risiken ausgesetzt ist. Vergessen Sie auch bitte nicht, dass es bei uns und erst recht in den Tropen gefährliche Krankheiten gibt, gegen die kein Impfschutz möglich ist. Auch das vollständigste Impfprogramm darf deshalb nicht zur Unvorsichtigkeit verleiten.

Von allen einstigen Pflichtimpfungen besteht nur noch die gegen **Gelbfieber.** Sie wird noch von vielen afrikanischen Staaten verlangt, und auf Reisen in einige südamerikanische Länder ist sie zumindest empfehlenswert. Die Anschrift der nächstgelegenen autorisierten Impfstelle können Sie beim örtlichen Gesundheitsamt erfragen.

Im Zuge einer allgemeinen Impfmüdigkeit werden die „fakultativen" Impfungen gegen **Typhus, Tetanus, Diphterie, Kinderlähmung und Hepatitis A** immer öfter vergessen.

Wer ganz vorsichtig ist, sollte sich auch gegen die weitaus gefährlichere **Hepatitis B** impfen lassen. Sie wird zwar, ähnlich wie AIDS, nur bei sehr engem körperlichem Kontakt (Geschlechtsverkehr), durch verunreinigte Spritzen oder Bluttransfusionen übertragen, aber unter Umständen kann schon eine gut gemeinte Hilfeleistung wie ein Verband für eine blutende Wunde zur Infektion führen.

Ältere Reisende sollten sich zusätzlich gegen **Grippe** und **Pneumokokken** impfen lassen. Einiges spricht dafür, dass danach auch banale grippale Infekte harmloser verlaufen.

Vor Abenteuerreisen nach Asien, vor allem aber nach Indien, ist auch eine Impfung gegen **Tollwut** ratsam. Impfungen gegen **Meningitis** und **japanische Enzephalitis** sind nur sinnvoll, wenn ein Aufenthalt in bekannten Infektionsgebieten geplant ist.

Die **Choleraimpfung** bietet nur einen sehr begrenzten Schutz und wird nicht mehr empfohlen.

Wegen des erforderlichen Zeitabstands zwischen den einzelnen Behandlungen brauchen Sie für das volle Programm einige Wochen Zeit. Vor allem die Immunisierung gegen Hepatitis A sollte spätestens einen Monat vor Reisebeginn vorgenommen werden. Am besten besprechen Sie mit Ihrem Hausarzt, welche Impfungen neu durchgeführt und welche aufgefrischt werden müssen.

Sicher unterwegs

Ebenso wichtig wie Vorbeugung ist ein gesundes Maß an Vorsicht. Das beginnt bereits beim **Sonnenschutz,** denn in Äquatornähe können schon zehn Minuten in der prallen Sonne unangenehme Verbrennungen verursachen. Sonnenschutzmittel mit hohem Lichtschutzfaktor sind aber meist Augenwischerei, denn erfahrungsgemäß wird dann im Schutz einer Sonnencreme mit dem Lichtschutzfaktor 10 zwei Stunden statt 12 Minuten „geschmort". Gegen Sonnenbrand schützt entsprechende Bekleidung und gegen Sonnenstich ein breitkrempiger Hut. Nur für Körperpartien, die trotz kompletter Bekleidung der Sonne ausgesetzt bleiben (Nasenrücken!), sind Sonnenschutzmittel mit einem Faktor nicht unter 20 unverzichtbar.

In den Tropen können schon geringfügige Verletzungen gefährlich werden. Auch die **kleinste Wunde** muss sofort desinfiziert, mit einem sterilen Pflaster oder Verband abgedeckt und beim geringsten Anzeichen einer Infektion mit einem Antibiotikum versorgt werden.

Gefahren und Krankheiten

Hygiene bei Wassernutzung
Unbehandeltes Wasser, das gilt natürlich auch für die Eiswürfel in Getränken, müssen Sie strikt meiden. Selbst Zahnputzwasser muss immer entkeimt werden.

Selbst appetitlich aussehendes **Wasser aus Quellen und Bächen** kann durch Exkremente von Weidetieren verunreinigt und hochgradig infektiös sein. In dieser Hinsicht ist schon in den Alpen mit unangenehmen Überraschungen zu rechnen. Unbedenklich sind nur Markengetränke in Originalflaschen mit unbeschädigtem Verschluss oder Wasser, das intensiv nach Chlor riecht. Auch beim **Baden** in Flüssen oder Seen können Krankheiten wie Bilharziose oder Amöbenruhr übertragen werden, und manchmal genügt es schon, wenn Sie auf einer Bootsfahrt nur den Arm ins Wasser hängen lassen. Verlassen Sie sich nicht darauf, dass Einheimische das Wasser als unbedenklich einstufen!

Nahrungsmittel

Eine häufige Infektionsquelle sind Nahrungsmittel. Für Obst und Gemüse gilt nach wie vor die alte Regel: „Kochen, Schälen oder ganz vergessen". Deshalb dürfen Sie in kritischen Ländern Salate oder frische Gewürzkräuter (Petersilie!) nicht einmal anfassen. Bei jeder Art von Grünzeug ist damit zu rechnen, dass es noch kurz vor der Zubereitung mit menschlichen Exkrementen gedüngt und nicht richtig gewaschen wurde.

Von nicht durchgebratenem Fleisch, von Eiern oder aus Eiern hergestellten Speisen, Schalentieren, Milch und Speiseeis sollten Sie besser die Finger lassen. Nur in internationalen Luxushotels können Sie schlechten Gewissens von dieser Regel abweichen.

Gefährliche Tiere

Viele Touristen haben eine geradezu panische Angst vor Schlangen, Skorpionen und anderen Giftieren. Die meisten (nicht alle!) Giftiere weichen aber dem Menschen aus und beißen nur im ersten Schreck zu. Wenn Sie die fol-

Wasser entkeimen

*Am einfachsten ist es, wenn Sie einige Kriställchen **Kaliumpermanganat** (aus der Apotheke) zusetzen, bis das Wasser eine hellviolette Farbe angenommen hat, dann ist es notfalls sogar trinkbar. Versuchen Sie aber nicht, auf die gleiche Weise Obstsäfte und dergleichen zu entkeimen. Durch die Inhaltsstoffe der Getränke wird das Kaliumpermanganat sofort verbraucht, und die Bakterien lachen sich ins Fäustchen.*

*Die zuverlässigste Methode zur Aufbereitung von Trinkwasser ist 20 Minuten langes **Abkochen.***

*Ob teure **Wasserfilter** noch alle Bakterien aus dem Wasser fischen, oder ob die Filterpatrone schon durch Haarrisse unbrauchbar ist, lässt sich unterwegs nicht kontrollieren.*

***Entkeimungsmittel** wie Mikropur sind nur für schwebstofffreies Wasser geeignet, trübes oder sogar schlammiges Wasser muss vorher filtriert werden. Die keimtötende Wirkung von Mikropur erfordert allerdings Zeit. Das Wasser ist erst nach etwa zwei Stunden trinkbar.*

Sicher unterwegs

genden Regeln beachten, bleibt Ihnen mit hoher Wahrscheinlichkeit Ungemach erspart.

[!] Am häufigsten begegnet man Schlangen in Ruinen. **Tragen Sie deshalb auf Wanderungen und Exkursionen immer festes Schuhwerk, am besten Stiefel, und lange Hosen.** Die meisten Opfer werden nämlich in den Fuß oder ins Bein gebissen.

[!] **Treten Sie bei jedem Schritt fest auf,** damit die Tiere Gelegenheit zur Flucht haben.

[!] **Kriechen Sie nicht durch Büsche, heben Sie keine Steine auf** (wer weiß, wer darunter Schatten gesucht hat).

[!] **Greifen Sie nicht neugierig in Erdlöcher** (in Nordamerika kann dort eine giftige Gila-Echse wohnen).

[!] **Auf nächtlichen Spaziergängen müssen Sie den Boden mit einer Taschenlampe ableuchten.** Gar nicht so selten werden nämlich Abenteurer beim abendlichen Gang mit der Papierrolle gebissen.

[!] **Das Zelt muss immer dicht verschlossen bleiben. Kleidungsstücke, vor allem Schuhe, verpacken Sie am besten in Plastikbeutel.** Zumindest ist vor dem Anziehen zu prüfen, ob ein Tier sich im Schuh oder in der Kleidung versteckt hat.

Auch **im Meer oder am Strand** können Gifttiere lauern, und einige an den Küsten Australiens vorkommende Quallenarten (jelly fish) sind genauso gefährlich wie Giftschlangen. Während der

Hilfe bei Schlangenbiss

☑ *Ist jemand von einer Schlange gebissen worden, so verhindern Sie vor allem, dass sich das Opfer bewegt oder sogar in Panik herumläuft. Jede Bewegung ist gefährlich, weil sie den Transport des Giftes aus der Bissstelle in den ganzen Körper beschleunigt.*

☑ *Legen Sie den Patienten sofort hin, entfernen Sie wegen der drohenden Schwellung Armbänder, Uhren oder Ringe und stellen Sie bei Bissen in Arme oder Beine das Körperglied durch eine Schienung ruhig.*

☑ *Legen Sie mit Hilfe breiter elastischer Binden einen leichten Druckverband an. Dadurch erhöht sich zwar die Gefahr örtlicher Gewebeschädigungen, dafür wird aber auch das Risiko einer schnellen Verteilung des Giftes im Körper geringer. In älteren Vorschriften zur Behandlung von Schlangenbissen wird immer noch empfohlen, das betroffene Glied scharf abzubinden und die Binde alle 20-30 Minuten zu lockern. Diese Empfehlungen sind nach neueren Erkenntnissen überholt.*

☑ *In jedem Falle ist der Patient möglichst schnell ohne eigene körperliche Aktivität zum nächsten Arzt, besser noch ins nächste Krankenhaus zu bringen. Steht kein Fahrzeug zur Verfügung, so muss der Transport auf einer Trage erfolgen.*

*Darüber hinausgehende erste Hilfe ist kaum möglich. Mit einem **Schlangenbiss-Kit** (ein Sauggerät mit auswechselbaren Schröpfköpfen) soll es angeblich möglich sein, einen Teil des Giftes aus der frischen Bisswunde zu saugen. Der Nutzen solcher Geräte ist jedoch sehr umstritten. Wenn überhaupt, so wirken sie nur in den ersten Minuten.*

*Mit **Schlangenserum** stiften Sie im Ernstfall wahrscheinlich mehr Unheil als Nutzen. Es ist durchaus denkbar, dass Sie von einer harmlosen Schlange gebissen werden und sich hinterher mit dem Serum umbringen. Selbst im Krankenhaus werden Schlangenseren erst verabreicht, wenn Komplikationen auftreten.*

Sicher unterwegs

Schwarmzeit der Quallen (Oktober bis Mai) dürfen Sie an ein Bad im Meer nicht einmal denken. Warnschilder am Strand sind sehr ernst zu nehmen.

Aber nicht nur giftige, sondern auch **infizierte Tiere** können zur Gefahr werden, und wer grindige Hunde, verflohte Affen oder „heilige" Ratten anfasst, braucht sich nicht zu wundern, wenn er sich eine hässliche Infektion einhandelt. Viele gefährliche Krankheiten werden nämlich durch Mücken, Flöhe, Wanzen, Zecken oder Milben übertragen. Ungezieferverseuchte Unterkünfte sind deshalb kein empfehlenswertes Nachtquartier.

Flüssigkeits- und Salzverlust

In heißen und trockenen Gegenden werden viele gesundheitliche Beschwerden wie Kreislaufschwäche und Durchfälle durch Flüssigkeits- und Salzverlust verursacht, denn auf anstrengenden Trekkingtouren im Hochgebirge kann der tägliche Flüssigkeitsbedarf bis auf acht Liter ansteigen. Oft versagt dann das Durstgefühl, und Sie müssen sich zum Trinken regelrecht zwingen.

Der unvermeidliche Kochsalzverlust lässt sich durch Nachsalzen der Speisen keineswegs immer ausgleichen, und wer gleichzeitig reichlich Flüssigkeit zu sich nimmt, macht mit einer herzhaft versalzenen Instantbrühe oder mit Salztabletten nichts falsch. Das richtige Verhältnis aus Salz und Flüssigkeit stellt ein

Eigenbehandlung von Reisediarrhöen

Sulfonamide oder Antibiotika haben nur selten gute Wirkung, und der Laie kann damit mehr falsch als richtig machen. Das vielfach empfohlene Loperamid (z.B. Imodium) wirkt zwar schnell und sicher, legt aber nur den Darm still. Bei einer Infektion werden die Keime nicht mehr ausgeschieden und können sich ungestört vermehren. Loperamid sollte deshalb nicht länger als 1–2 Tage und auch nur dann eingenommen werden, wenn auf Exkursionen die ständige angstvolle Suche nach einem Klo lästig wird. Einiges spricht übrigens dafür, dass viele Reisediarrhöen gar nicht durch Infektionen, sondern durch Wasser- und Salzverlust verursacht werden. Die wichtigste Eigenbehandlung ist deshalb reichliche Flüssigkeits- und Salzzufuhr. Salztabletten und Coca-Cola oder Bier sind bewährte Kombinationen.

gesunder Körper dann schon wieder von selbst her. Sie können sich natürlich auch von Ihrem Apotheker eine Salzmischung nach den Regeln der WHO zusammenstellen lassen (siehe Reiseapotheke).

Reisediarrhöen

Eine der häufigsten Erkrankungen, gegen die keine Impfung schützt, sind Reisediarrhöen. 20–50 % aller Touristen werden davon befallen. Die **Ansteckung** erfolgt durch Schmutz oder Schmierinfektion, kontaminierte Nahrungsmittel oder verseuchtes Trinkwasser.

Salmonelleninfektionen

Diese Infektionen kommen auch in Europa immer wieder vor. Die häufigsten **Infektionsquellen** sind Meerestiere, Fleisch, vor allem Geflügel, Eier, aus Eiern hergestellte Gerichte, Süßspeisen und Speiseeis. Charakteristisch für eine Salmonelleninfektion ist, dass die ersten Beschwerden schon 1–2 Stunden nach dem Verzehr verdorbener Nahrungsmittel auftreten können, aber nicht müssen.

Typische **Symptome** sind Übelkeit, Erbrechen und unstillbare Durchfälle. Aber auch unspezifische Beschwerden wie Benommenheit, Kopfschmerzen und Hautausschlag kommen vor.

Die einzige **Notfallbehandlung** bei Durchfall sind Flüssigkeits- und Salzersatz, und beim geringsten Verdacht auf eine Salmonelleninfektion müssen Sie den Arzt aufsuchen. Todesfälle sind gar nicht selten.

Bilharziose

Die Bilharziose ist eine Wurmerkrankung, deren Erreger sich im Wasser aufhalten und beim Baden durch die Haut in den Körper eindringen. Die Folge sind grippeartige Symptome, chronische Blasenentzündungen, Blasenblutungen und schleimigblutige

Sicher unterwegs

Durchfälle. Die Bilharziose kommt in der Osthälfte Südamerikas, in Ostchina, Japan, auf den Philippinen, in Mesopotamien und in vielen Gegenden Afrikas vor. Besonders der Nil ist verseucht. In diesen Gegenden müssen Sie jeden Kontakt mit stehenden oder fließenden Gewässern meiden.

Amöbenruhr

Die Erreger der Amöbenruhr sind weltweit, besonders aber in subtropischen und tropischen Gegenden verbreitet. Ihr Angriffspunkt ist zunächst der Darm, sie können aber auch in Leber, Lunge und Hirn auswandern und dort Abszesse verursachen. Die Amöbenruhr beginnt meist schleichend, im akuten Stadium sind aber bis zu zehn Darmentleerungen pro Tag nicht ungewöhnlich. Der Stuhl kann, muss aber nicht, Beimengungen von Schleim und Blut enthalten.

Infektionsquellen sind Trinkwasser, verseuchtes Badewasser, Obst, Salate und anderes Grünzeug. Vorbeugen können Sie nur durch den Verzicht auf riskante Nahrungsmittel und peinliche Hygiene. Bei einer Malariaprophylaxe mit Chloroquin (z.B. Resochin) treten Amöbeninfektionen übrigens kaum auf. Bei Verdacht auf eine Infektion sollten Sie sich zu Hause an ein Tropeninstitut wenden. Die Diagnose ist manchmal sehr schwierig, und der Hausarzt ist damit überfordert.

Malaria

Zu den gefährlichsten Souvenirs gehört die Malaria. Sie hat sich in der letzten Zeit wieder ausgebreitet, und vor Jahren **ungefährliche Gegenden** sind erneut verseucht. Malariafrei sind nur Europa, Sibirien, Japan, Australien, Neuseeland, Nordamerika (ohne Mexiko), Argentinien (abgesehen von Einzelfällen im subtropischen Norden), Chile, Uruguay und die Südwestspitze Südafrikas.

In allen nicht genannten Ländern kommt die Malaria zumindest regional vor. **Besonders gefährlich** sind Ostafrika, der Norden Thailands, das Amazonasbecken und Teile Ozeaniens, wo die Erreger gegen die gängigen Medikamente schon weitgehend immun geworden sind.

Die Malaria kommt in verschiedenen **Formen** vor, und gerade die gefährliche Malaria tropica ist gar nicht leicht zu diagnostizieren. Schläfrigkeit, Nackensteife und Herzstörungen können ebenso vorkommen wie Atemstörungen, Leibschmerzen, Durchfälle und Erbrechen. Die Tropica wird deshalb oft mit anderen Krankheiten wie Grippe verwechselt und kann tödlich enden, wenn sie nicht rechtzeitig behandelt wird.

Ein sinnvoller Malariaschutz beginnt bereits mit der gezielten **Vermeidung von Mückenstichen**. Die Anophelesmücken sind nachtaktive Tiere, daher gelten die Schutzmaßnahmen insbesondere für die Zeit von Abend- und Morgendämmerung.

- Möglichst in mückengeschützten Räumen aufhalten (engmaschige Gitter oder Vorhänge an Türen und Fenstern).
- Langärmelige Kleidung und lange Hosen tragen.
- Dunkle Kleidung meiden, da sie Mücken anzieht.
- Insektenrepellents wie Autan sind zum Schutz unbekleideter Körperpartien unverzichtbar, wirken aber nur einige Stunden und auch das nicht immer. Die Wirkung von Repellents auf der Basis ätherischer Öle (reine Natur!) ist umstritten.
- Schlafen nur in mückenfreien Räumen. Vor dem Schlafen Raum von Mücken befreien.
- Unter einem Moskitonetz schlafen, wenn der Schlafraum nicht mückenfrei zu bekommen ist.
- Insektizide sind in verschiedener Form im Handel wie Sprays, Elektroverdampfer, Räucherspiralen (mosquito-coils) und Lösungen zum Imprägnieren von Kleidung und Moskitonetz. Sie sollten aber

nur eingesetzt werden, wenn mit den anderen Methoden keine ausreichende Wirkung erzielt wird, da die gesundheitliche Unbedenklichkeit dieser Mittel nicht erwiesen ist.

Wichtig ist eine konsequente **medikamentöse Prophylaxe,** und die meisten Malariaopfer haben es an der Vorbeugung fehlen lassen. Welche Malariamittel derzeit für welche Gegenden geeignet sind, können Sie bei den Beratungsstellen der Gesundheitsämter erfragen. Nur Mefloquin (Lariam) sollten Sie für eine Notfallbehandlung immer dabei haben. Halten Sie sich aber streng an die Dosierungs- und Einnahmerichtlinien. Dazu gehört auch, dass Sie rechtzeitig vor Reiseantritt mit der Einnahme der Tabletten beginnen und die Behandlung lange genug nach der Rückkehr fortsetzen. Schlechtschmeckende Tabletten, unerhebliche Nebenwirkungen (es gibt durchaus auch ernste Nebenwirkungen, die einen Präparatewechsel erforderlich machen) oder eine Abneigung gegen „Chemie" sind keine Gründe, die Prophylaxe zu verweigern. Eine Malariainfektion ist in jedem Falle schlimmer.

Machen Sie sich aber auch klar, dass die Tabletten nur den Ausbruch der Krankheit verhindern, und dass Sie sich trotz regelmäßiger Einnahme infiziert haben können. Suchen Sie deshalb bei unklaren Beschwerden noch mindestens ein Jahr nach einer Reise in Infektionsgebiete einen Arzt auf. Der Hausarzt ist leider keine geeignete Anlaufstelle. Wenden Sie sich besser an ein Tropeninstitut (siehe links).

Tropenmedizinische Institute

Tropenmedizinisches Institut, Bernhard-Nocht-Str. 74, 20359 Hamburg, Tel. (040) 31820. Dort können Sie Informationen über Vorsichtsmaßnahmen per Internet (www.bni.uni-hamburg.de) abrufen oder sich für 15 Euro persönlich beraten lassen. Andere tropenmedizinische Institute oder Kliniken gibt es in Berlin, Bonn, Dresden, Heidelberg, Leipzig, München, Rostock, Tübingen, Ulm und Würzburg.

Höhenkrankheit

Schließlich gibt es noch eine nichtinfektiöse Krankheit, die auch Pauschalreisenden im Himalaya oder in den Anden zu schaffen macht, und das ist die durch Sauerstoffmangel verursachte Höhenkrankheit. Um höhenkrank zu werden, müssen Sie nicht unbedingt wandern. Die höchste Eisenbahn der Welt von Lima nach Huacayo erklettert immerhin 4781 m, und dann schnappen Touristen auch im Sitzen nach Luft. Die Gefahr, höhenkrank zu werden, ist keineswegs nur von der persönlichen Fitness abhängig. Manche Leute bleiben davon verschont, und bei anderen stellen sich die ersten **Symptome** wie Schlaf- und Appetitlosigkeit, Übelkeit, Kopfschmerzen, Schwindel und Atemnot schon bei 2500 m ein.

Achten Sie dann besonders auf Farbe und Menge des Urins. Weniger als ein Liter dunkelfarbigen Urins pro Tag sind eine Warnung, und Sie müssen hemmungslos trinken, denn in sehr großer Höhe liegt der **Flüssigkeitsbedarf** auch ohne körperliche Belastung bei fünf bis sechs Litern am Tag. Ideal wären Elektrolytgetränke, aber auch eine versalzene Brühe kann in Kombination mit viel Flüssigkeit Wunder wirken.

 Richtig anpassen

Die Höhenkrankheit lässt sich nur (keineswegs immer) durch langsame Anpassung verhindern. Schon ein Aufenthalt in 4000 m muss durch einige Tage auf geringerer Höhe vorbereitet werden, und für Wanderungen in großen Höhen sind nach Meinung von Experten bis zu sechs Wochen Adaptationszeit erforderlich. Wer also im Himalaya oder in den Anden aus dem Flugzeug steigt und sofort mit dem Trekking beginnt, geht ein hohes Risiko ein. Für Übergewichtige oder Patienten mit Erkrankungen der Atemwege sind Regionen über 4000 m „off limits".

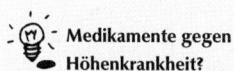 **Medikamente gegen Höhenkrankheit?**

Ob sich die Höhenkrankheit verhindern oder in ihren Auswirkungen durch harntreibende Substanzen (Diuretika) abmildern lässt, ist umstritten. Empfohlen wird zurzeit die Einnahme von 50-125 mg Acetazolamid (z.B. Diamox) alle acht Stunden während des Aufstiegs und dann noch zwei Tage danach. Im akuten Fall sollen 250 mg Acetazolamid alle acht Stunden helfen. Verlassen dürfen Sie sich darauf aber ebensowenig wie auf den in den Anden empfohlenen Coca-Tee.

Sicher unterwegs

Sehr ernst zu nehmende **Alarmzeichen** sind rasselnder Husten, brodelndes Atemgeräusch, bleierne Müdigkeit, graue Hautfarbe, blaue Lippen und auffällige Verhaltensänderungen (Höhenrausch). Ist es einmal soweit gekommen, dann besteht unmittelbare Lebensgefahr, und es helfen nur noch Sauerstoffbeatmung und sofortiger Abtransport in tiefergelegene Regionen.

Ärztliche Hilfe in Entwicklungsländern

Zum Abschluss noch eine Warnung. Seien Sie in den so genannten Entwicklungsländern bei kleineren Unpässlichkeiten mit Arztbesuchen sehr zurückhaltend. Verglichen mit Mitteleuropa bewegt sich die medizinische Versorgung nicht selten auf einem geradezu erbarmungswürdigen Niveau. Oft sind die hygienischen Bedingungen sehr unzulänglich, und erfahrene Globetrotter werden immer dazu raten, „einheimischen" Krankenhäusern fernzubleiben, solange man sich noch auf den Beinen halten kann. Eine ärztliche Behandlung ist nur in solchen Praxen und Krankenhäusern ratsam, die nach westlichen Richtlinien geführt werden. Im Notfall können die Konsulate unbedenkliche Anlaufstellen empfehlen.

Autoverbandskasten nutzen

Reichliches Verbandsmaterial ist vor allem für Reisende mit einem Leihwagen ohne Verbandskasten (Australien) wichtig. Bleibt das eigene Auto während des Urlaubs in der Garage, so können Sie natürlich vorübergehend ihren Autoverbandskasten plündern. Überzeugen Sie sich aber davon, dass die Pflaster noch verwendbar sind.

In ärmeren Ländern haben manchmal die **Apotheker** bemerkenswerte Kenntnisse auf dem Gebiet der Diagnostik und Therapie. Laien können die Fachkompetenz eines Apothekers leider nicht beurteilen, aber eine Frage schadet nichts, und ob Sie die wohlmeinenden Ratschläge befolgen, bleibt Ihnen überlassen.

Reiseapotheke und Ausrüstung

Empfehlungen für die Zusammenstellung einer Reiseapotheke und eines Verbandskastens sind nicht ganz einfach. Wer nur Länder mit geringem Gesundheitsrisiko und hohem hygienischem Standard bereist, braucht weniger als ein Abenteuerreisender, der im afrikanischen Busch auf sich allein gestellt ist. Wer über ein bescheidenes medizinisches Allgemeinwissen verfügt, kann natürlich hochwirksame Medikamente risikoloser einsetzen als ein völliger Laie. Deshalb werden zunächst nur Medikamente genannt, die zur Standardausrüstung gehören und danach zusätzlich Präparate für „Abenteuerreisen".

An erster Stelle steht der **Substanzname** (internationale Bezeichnung, „generic name"), in Klammer der Handelsname eines gängigen Präparates und seine Anwendung. Ein und derselbe Wirkstoff kann nämlich in Präparaten mit ganz unterschiedlichem Namen enthalten sein, und wenn Sie im Ausland Medikamente nachkaufen müssen, so kann es passieren, dass der Apotheker von Ihrem gewohnten Präparat noch nichts gehört hat. Nur wenn Sie den internationalen Namen kennen, haben Sie Aussicht auf ein wirkungsgleiches Medikament.

Denken Sie auch an einen ausreichenden Vorrat an Medikamenten, auf die Sie ständig angewiesen sind (z.B. Mittel gegen Zuckerkrankheit). Verlassen Sie sich nicht darauf, dass Sie Ihre **gewohnten Präparate** im Ausland überall bekommen. Sind sie verschreibungspflichtig, so müssen Sie auch dort erst zum Arzt, und das kostet Zeit und kann teuer werden.

Zäpfchen haben übrigens in einer Reiseapotheke nichts zu suchen. Sie zerfließen schon an einem warmen Sommertag bei uns und erst recht unter südlicher Sonne.

Sicher unterwegs

Checkliste Reiseapotheke

Verbandsmaterial und Instrumente

❑ *Elastische Binde 8 cm breit*
❑ *Mullbinden 10 cm breit*
❑ *Sterile Verbandspäckchen*
❑ *Hansaplast (6 cm)*
❑ *Leukoplast*
❑ *Pinzette*
❑ *Schere*
❑ *Sicherheitsnadeln*
❑ *Fieberthermometer*
❑ *Einmalspritzen zu 5 ml mit Kanülen Nr. 12. Einmalspritzen und Kanülen gehören unbedingt ins Gepäck jedes Reisenden. Oft fehlt es in Arztpraxen und Krankenhäusern abgelegener Gegenden an Einwegmaterial, das bei der zunehmenden Verseuchung mit Aids und wegen der Gefahr einer Infektion mit Hepatitis (gegen Hepatitis A und B kann man sich impfen lassen, gegen Hepatitis C gibt es keinen Schutz) immer wichtiger wird. Allerdings gilt es zu beachten, dass Spritzen im Gepäck bei manchen Grenzkontrollen als Hinweis auf Drogenkonsum gewertet werden.*

Mittel zur äußerlichen Anwendung

❑ *Alkohol, 70 %. Verdunstet schnell und wirkt deshalb nur kurz. Ist aber zur ersten Wundversorgung und zur Reinigung von Instrumenten brauchbar.*
❑ *Polyvidon-Jod (z.B. Betaisodona). Wirkt längerfristig gegen Bakterien, Sporen (sehr unempfindliche Erregerdauerformen), Pilze, Viren und Protozoen, ist also zur Wunddesinfektion besser geeignet.*
❑ *Kaliumpermanganat ist nicht nur zur Wasserentkeimung, sondern notfalls auch zur Behandlung infektionsverdächtiger Verletzungen brauchbar. Dabei darf die Höchstkonzentration (deutlich violett) nicht über-*

*schritten werden, weil sonst schwere Verätzungen
vorkommen können.*

❑ *Dexpanthenol-Salbe (z.B. Bepanthen). Fördert die
Heilung, hat aber keine antibakterielle Wirkung. Es
ist ein gutes Mittel zur Behandlung von Verbrennungen (Sonnenbrand).*

❑ *Xylometazolin (z.B. Otriven-Gel), zum Abschwellen
der Nasenschleimhaut. Mittel zum Abschwellen der
Nasenschleimhaut können auch bei Problemen mit
dem Druckausgleich während einer Flugreise nütz-
lich sein.*

❑ *Dimetinden (z.B. Fenistil-Gel), bei Insektenstichen
und allergischen Hauterscheinungen*

❑ *Fluocinolonacetonid + Neomycin + Nystatin (z.B Jel-
lin-Polyvalent-Salbe, rez.). Wirkt entzündungswidrig.
Neomycin ist ein Antibiotikum. Nystatin wirkt gegen
Pilzbefall. Das Präparat ist unverzichtbar zur Behandlung infizierter Wunden in den Tropen.*

Mittel zur inneren Anwendung

❑ *Acetylsalicylsäure (z.B.Aspirin), schwaches Schmerz-
mittel bei Fieber und Kopfschmerzen. Weniger als
1000 mg (2 Tabletten zu 500 mg) helfen kaum. Zur
Behandlung krampfartiger Schmerzen und bei Ma-
gen-Darmbeschwerden ungeeignet.*

❑ *Paracetamol+Phenylephrin (z.B.Doregrippin). Die
Kombination lindert die unangenehmsten Symptome
einer Erkältung, hat aber auf den Krankheitsverlauf
keinen Einfluss.*

❑ *Loperamid (z.B. Imodium), bei Durchfall. Sollte nur
im Notfall und auch dann höchstens zwei Tage lang
genommen werden.*

❑ *Clobutinol (z.B. Silomat), gegen Husten*

❑ *Acetylsalicylsäure + Codein (z.B.Gelonida, rez.). Die
Kombination bewährt sich besonders bei Zahn-
schmerzen, schränkt aber die Fahrtüchtigkeit ein.*

Sicher unterwegs

- ❏ *Etilefrin (z.B.Effortil), Kreislaufmittel bei Blutdruck-abfall. Darf das erste Mal nur vorsichtig angewendet werden, manchmal kommt es danach zu unangeneh-mem Herzklopfen.*
- ❏ *Dimenhydrinat (z.B. Vomex A), bei Reisekrankheit. Beeinträchtigt die Fahrtüchtigkeit über einen Zeit-raum von bis zu 24 Stunden, ist also nichts für Auto-fahrer.*
- ❏ *Cetirizin (z.B.Zyrtec) ist ein schnell wirkendes Mittel gegen Allergien, das kaum müde macht (nur bei Be-darf).*
- ❏ *Aluminiumhydroxid + Magnesiumhydroxid (z.B. Maaloxan). Präparate gegen Gastritis wie Maaloxan wirken nur, wenn sie zwischen den Mahlzeiten und vor dem Schlafengehen genommen werden.*
- ❏ *Salztabletten oder 35 g Kochsalz + 25 g Natriumbi-carbonat + 15 g Kaliumchlorid + 20 g Traubenzucker (aus der Apotheke). Bei „normalem" Kochsalzverlust durch starkes Schwitzen genügen Salztabletten. Bei Durchfall nehmen Sie besser die empfohlene Salzmi-schung in einer Dosierung von bis zu vier gestriche-nen Teelöffeln in einem viertel Liter Wasser.*
- ❏ *Malariamittel (bei Reisen in Infektionsgebiete, nach Beratung beim Gesundheitsamt)*
- ❏ *Mefloquin (z.B. Lariam, rez.) zur Notfallbehandlung der Malaria. Der Einsatz ist nur dann gerechtfertigt, wenn ein echter Notfall vorliegt und kein Arzt er-reichbar ist.*

rez. *bedeutet, dass das Präparat in Deutschland verschreibungspflichtig ist.*

Zusätzlich auf Abenteuerreisen

❑ *Roxithromycin (z.B. Rulid /rez.), bei Infektionen*
❑ *Trimethoprim + Sulfamethoxazol (z.B. Kepinol forte/rez.), bei Infektionen*

Das Antibiotikum Roxithromycin und die Kombination aus Trimethoprim und Sulfamethoxazol haben ein breites Wirkungsspektrum gegen eine Vielzahl von Krankheitserregern. Einfach ausgedrückt, ist das Antibiotikum besonders gegen Infektionen oberhalb, die Sulfonamidkombination gegen Infektionen unterhalb der Gürtellinie geeignet. Auf keinen Fall dürfen Sie nach dem Motto „Doppelt hält besser" beide Medikamente gleichzeitig nehmen, weil sie sich in ihrer Wirkung gegenseitig aufheben können.

❑ *Metronidazol (z.B.Flagyl/ rez.), zur Behandlung von Amöbeninfektionen. Der Einsatz von Metronidazol ist nur dann gerechtfertigt, wenn ein echter Notfall vorliegt und kein Arzt erreichbar ist.*

Sicher unterwegs

> **⚠ Bei jeder Eigenbehandlung ist es wichtig, dass Sie die Dosierungsrichtlinien streng beachten** und nicht etwa eigenmächtig reduzieren (möglichst wenig Chemie) oder erhöhen. Der Spruch: „Wenig hilft wenig, viel hilft viel" stimmt leider nur selten, und viele Medikamente werden bei einer Dosisreduktion vollständig wirkungslos. Die Entscheidung, ob Sie eine Krankheit in Eigenregie behandeln wollen oder nicht, kann Ihnen ein fauler Kompromiss bei der Dosierung nicht abnehmen.

Anhang

Anhang

Informationen aus dem Internet

Eine Liste nützlicher Internet-Seiten in Buchform ist naturgemäß immer veraltet und unvollständig. Zu schnell entwickelt und verändert sich das Online-Angebot. Im folgenden werden deshalb nur einige Einstiegsseiten aufgeführt, über die man einfach zu den gewünschten Themen- und Länderinformationen gelangen kann.

<www.dino-online.de/seiten/go10tourist.htm>
Alles was der DINO (Deutsches Internetverzeichnis) zum Reisethema finden kann, ist aufgelistet. Wer nach deutschen Quellen sucht, ist hier richtig.

<www.fernweh.com>
Gut sortierte Seiten mit vielen Reiselinks. Besonders gute Links sind als Tipp gekennzeichnet.

<www.reiseplanung.de>
Umfassendes Portal zum Thema Reisen und Mobilität mit redaktionell bewerteten Links, unter denen sich (fast) jedes Thema findet.

<www.reiselinks.de>
Übersichtlich geordnete Sammlung von weiterführenden Links zu allgemeinen Themen und zu einzelnen Ländern. Auf der Top-Seite sind die wichtigsten Portale und Anbieter herausgestellt.

<http://travel.excite.com>
Liste der Regionen – darunter der Länder. Dann jeweils eine Übersichtsseite mit ein paar grundlegenden Länderdaten. Entscheidend ist aber das Angebot an weiterführenden Hyperlinks mit Verbindungen zu aktuellen Nachrichten, statistischen Infos, Wetterbericht, touristischen Berichten, Hinweisen zu Landkarten, Währungsumrechnung etc.

Landkarten-spezialisten

Falls Sie die gesuchte Landkarte nicht bei Ihrem Buchhändler finden, können Sie sich an eine der folgenden Buchhandlungen und Ausrüster wenden, die sich auf Landkarten und Reiseliteratur spezialisiert haben. Dabei handelt es sich um eine Auswahl. Hier nicht aufgeführte Buchhandlungen haben gegebenenfalls ein ebensogutes Sortiment.

Aachen
● *Mayersche Buchhandlung*
Ursuliner Str. 17-19
Tel. 0241/4777126, Fax 0241/4777167

Berlin
● *Kiepert KG*
Hardenbergstr. 4-5, 10623 Berlin
Tel. 030/311880, Fax 030/31188120
service@Kiepert.de, www.kiepert.de
Spezialabteilung Berlin, Top-Karten Brandenburg komplett vorrätig
● *Schropp Fachbuchhandlung für Landkarten, Reiseführer und Sprachen*
Potsdamerstr. 129, 10783 Berlin
Tel. 030/23557320,
Fax 030/235573210
landkarten@schropp.de
www.schropp.de
Spezialabteilung Top-Karten Nord- und Osteuropas

● *Nautische Buchhandlung Dietrich Reimer, Unter den Eichen 57,*
12203 Berlin-Lichterfelde
Tel. 030/8312341, Fax 030/8313873
reimernautik@sireconnect.de
Spezialist für Seekarten

Bern
● *Atlas Travel Shop*
Schauplatzgasse 21, CH-3011 Bern
Tel. 031/3119044, Fax 031/3125405
www.atlastravelshop.ch
www.reiselust.ch
Filiale in CH-3232 Ins
Tel. 032/3134407, Fax 032/3134408
Spezialgebiet Sahara und übriges Afrika

Bielefeld
● *Universitätsbuchhandlung Phönix*
Oberntorwall 23
Tel. 0521/583060, Fax 0521/5830640

Bremen
● *Fata Morgana*
Geografische Buchhandlung
Auf den Häfen 9/10, 28203 Bremen
Tel. 0421/78717, Fax 0421/703059
Fata-morgana@t-online.de, www. mountmedia.de/fata-morgana

Dresden
● *Das internationale Buch*
Kreuzstr. 4, 01067 Dresden
Tel. 0351/4954190, Fax 0351/4954178

Anhang

Düsseldorf

- *Sack und Pack*
Brunnenstr. 6, 40223 Düsseldorf
Tel. 0211/341742, Fax 0211/331406
www.sackpack.de
Spezialgebiet: alpine Karten

Erlangen

- *Palm & Enke, Die Buchhandlung*
Schloßplatz 1, 91054 Erlangen
Tel. 09131/78090, Fax 09131/205275
info@palm-enke.de
www.palm-enke.de

Essen

- *Orgs Buch- und Landkartenhaus*
Rosastraße 12, 45130 Essen
Tel. 0201/781778, Fax 0201/780402
- *Baedeker, Kettwiger Str. 35*
Tel. 0201/2068153, Fax 0201/2068100
www.baedeker.de

Frankfurt/M

- *Hugendubel, Steinweg 12*
60313 Frankfurt/M
Tel. 069/29982130, Fax 069/2977322
- *Landkarten und Reiseführer*
Richard Schwarz KG
Eckenheimer Landstr. 36,
60318 Frankfurt am Main
Tel. 069/553869, Fax 069/5975166
Berliner Str. 72, Tel. 069/287278

Freiburg

- *Landkartenhaus Voigt*
Schiffstr. 6, 79098 Freiburg
Tel. 0761/23908, Fax 0761/2020054
Schweizer Top-Karten komplett vorrätig

Gera

- *Gondrom KG*
Sorge 7, 07545 Gera
Tel. 0365/8001283, Fax 0365/8001301

Graz

- *freytag & berndt*
reisebuchhandlung
Sporgasse 29, A-8010 Graz
Tel. 0043-316/818230,
Fax 0043-316/81823030
Shop@freytagberndt.at

Hamburg

- *Dr. Götze Land & Karte*
Bleichenbrücke 9 (In der Bleichenhof-
Passage) 20354 Hamburg
Tel. 040/3574630, Fax 040/3480318

Hannover

- *Schmorl & von Seefeld*
Bahnhofstr. 14, 30159 Hannover
Tel. 0511/3675-131, Fax 0511/325625
www.schmorl.de
service@schmorl.de

Karlsruhe

- *Buch-Kaiser GmbH*
Kaiserstr. 199, 76133 Karlsruhe
Tel. 0721/929290, Fax 0721/9292990
www.buchkaiser.de

Kiel

- *Geobuchhandlung*
Schülperbaum 9, 24103 Kiel
Tel. 0431/91002, Fax 0431/94249
Geobuchkiel@t-online.de
www.geobuchhandlung.de

Köln

●Landkartenhaus Gleumes & Co
Hohenstaufenring 47-51,
50674 Köln
Tel. 0221/211550 oder 215650
Fax 0221/249417
webmaster@landkartenhaus-
gleumes.de,
www.landkartenhaus-gleumes.de
Top-Karten Deutschland komplett
vorrätig

Leipzig

●Reisefibel
Salzgässchen 21, 04109 Leipzig
Tel. 0341/9604641, Fax 0341/9604642

Ludwigsburg

●Buchhandlung Aigner,
Arsenalstr. 8, 71638 Ludwigsburg
Tel. 07141/936322,
Fax 07141/936350

Mainz

●Gutenbergbuchhandlung
Große Bleiche 29, 55116 Mainz
Tel. 06131/2703312, Fax
06131/2703360
reise@gutenbergbuchhandlung.de
www.gutenbergbuchhandlung.de

Monheim

●Nordis Versand GmbH
Postfach 10 03 43, 40767 Monheim
Tel. 02173/95370, Fax 02173/54278
elch@nordis-versand.de
www.nordis-versand.de

München

●Äquator GmbH
Bücher-Ausrüstung-Reisen
Hohenzollernstr. 93, 80796 München
Tel. 089/2711350, Fax 089/2714599
●Därr Expeditionsservice GmbH
Theresienstr. 66, 80333 München
Tel. 089/282032, Fax 089/282525
Service@daerr.de, www.daerr.de
Spezialgebiet: Fliegerkarten,
sowjetische Generalstabskarten
●Deutscher Alpenverein
Tel. 089/140030
Bestellungen: DAV Service GmbH, Paul
Gerhard-Allee 24, 81245 München
Tel. 089/82999494, Fax 089/82999414
www.alpenverein.de
●Geobuch GmbH, Geographische
Buchhandlung
Rosental 6, 80331 München
Tel. 089/265030, Fax 089/263713
geobuch@t-online.de

Neuenkirchen

●Nordland-Versand
Postfach 5, 49585 Neuenkirchen
Tel.efon 05465/476, FAX 05465/834
Spezialgebiet: Skandinavien
info@nordland-shop.de
www.nordland-shop.de

Nürnberg

●Hugendubel Nürnberg
Ludwigsplatz 1, 90403 Nürnberg
Tel. 0911/2362125, Fax 0911/2362112
Spezialgebiet: Franken

Anhang

Regensburg
● *Pustet*
Gesandtenstr. 6-8
Tel. 0941/569722, Fax 0941/569736

Stuttgart
● *Buchhandlung Wittwer*
Königstr. 30
Tel. 0711/25071 85, Fax 0711/2507145
● *Woick Versand-Team*
Postfach 134301, 70774 Filderstadt
www.woick.de
● *Lindemanns Buchhandlung*
Nadlerstr.4, 70173 Stuttgart
Tel. 0711/2489990, Fax 0711/233320
lindemannsbuch@t-online.de

Trier
● *Akademische Buchhandlung*
Fleischstr.62
Tel. 0651/9799285, Fax 0651/9799290
info@interbook.de
www.interbook.de

Tübingen
● *Osiandersche Buchhandlung*
Wilhelmstraße 12, 78074 Tübingen
Tel. 07071/92010, Fax 07071/920192
osiander@osiander.de
www.osiander.de

Wien
● *freytag & berndt reisebuchhandlung*
Kohlmarkt 9, A-1010 Wien
Tel. 0043-1/5338685,
Fax 0043-1/533868586
Shop@freytagberndt.at
www.freytagberndt.at

● *Reisebuchladen, Kolingasse 6*
Tel. 01/3173384, Fax 01/3198064
robinreisen@vienna.at

Wiesbaden
● *Landkartenhaus und*
Buchhandlung Angermann,
Mauergasse 21, 65183 Wiesbaden
Tel. 0611/376061,Fax 0611/300385
www.landkartenhaus.de

Wuppertal
● *Buchhandlung Baedeker*
Geographische Buchhandlung
Friedrich-Ebert-Str. 31,
42103 Wuppertal
Tel. 0202/305011, Fax 0202/316344
buch-baedeker-wuppertal@t-online.de
www.buchkatalog.de/baedeker

Zürich
● *Travel Book Shop*
Rindermarkt 20, CH 8001 Zürich
(Briefadresse: Postfach 322, CH 8022
Zürich)
Tel. 01/25238 83, Fax 01/2523832
info@travelbookshop.ch
www.travelbookshop.ch

Ausrüstungsfirmen

Im Folgenden – natürlich ohne Anspruch auf Vollständigkeit – eine Liste namhafter Ausrüstungsfirmen, die qualitativ hochwertige Ausrüstung herstellen oder importieren. Die als Hersteller genannten Firmen haben meist keinen Direktverkauf, verschicken aber Informationsmaterial und Händlerverzeichnisse.

●**Ajungilak,** Bargkoppelweg 60, 22145 Hamburg, Tel. 040/6782031, Fax 6784785, E-mail: ajungilak@ aol.com, Internet: www.ajungilak.no
Hersteller: Daunen- und Kunstfaserschlafsäcke

●**Big Pack,** Fabrikstr. 35, 73266 Bissingen, Tel. 07023/9511-0, Fax 9511-55, E-mail: bigpack@t-online.de
Hersteller und Versandhandel: Kleidung, Rucksäcke, Schlafsäcke, Zelte, Boote

●**Campingaz,** Am Eisernen Steg 20, 65795 Hattersheim, Tel. 06190/8907-0, Fax 8907-146, E-mail: campingaz@aol.com
Hersteller: Gaskocher, Lampen, u.a.

●**Coleman,** Am Eisernen Steg 20, 65795 Hattersheim, Tel. 06190/8907-0, Fax 8907-146
Hersteller: Zelte, Schlafsäcke, Kocher, Lampen, u.a.

●**Därr's Expeditionsservice,** 80333 München, Theresienstr. 66/7, Internet: www.daerr.de
Versandhandel und Ladengeschäft; alles für Abenteuerreisen

●**Eagle Creek,** Haldenstr. 43a, 44809 Bochum, Tel. 0234/901920, 0180/2212769, Fax 0234/9019251
Hersteller: Rucksäcke, Taschen, Packtaschen

Anhang

143

●**Exped,** Hardstraße 81, CH-8004 Zürich,
Tel. 0041/1/4971010, Fax 0041/1/4971011,
E-mail: info@exped.com, Internet: www.exped.com
Import hochwertiger Ausrüstung; z.B. MSR (Kocher, Filter),
Moss (Zelte), Feathered Friends (Daunenschlafsäcke),
OR (Biwaksäcke) und Herstellung eigener Produkte

●**Globetrotter Versand,** Bargkoppelstieg 12,
22145 Hamburg, Tel. 040/67966179,
Fax 67966186,
E-mail: info@globetrotter.de
Ausrüstungsversand; bietet praktisch alles für Outdoor-
zwecke

●**Golde,** Riedlstraße 3, 80538 München,
Tel. 089/293728, Fax 2283779,
E-mail: info@golde.com, Internet: www.golde.com
Hersteller: hochwertige Daunen- und Kunstfaserschlafsäcke

●**Herbertz,** Postfach 120127, 42676 Solingen,
Service-Tel. 0212/203032, Fax 208763
Hersteller: Messer, Tools, Werkzeug, Schleifgeräte

●**Lafuma,** Siemensstr. 8, 77674 Kehl,
Tel. 07851/7061, Fax 73091,
Internet: www.lafuma.de
Hersteller: Outdoor-Kleidung, Schlafsäcke, Rucksäcke,
Zelte, Zubehör

●**Schlafsackladen,** Postfach 214,
72393 Burladingen, Tel. 07475/7382, Fax 7038,
E-mail: schlafsackladen@t-online.de,
Internet: www.schlafsackladen.de
Versandhandel mit Laden und viel Erfahrung im Bereich
Schlafsäcke, Thermokleidung

●**Relags,** Im Grund 10, 83104 Tuntenhausen,
Tel. 08065/9039-0, Fax 9039-35

E-mail: relags@relags.de, Internet: www.relags.de
Versand: Outdoorzubehör wie Lampen, Geschirr, Kochzubehör, Tools, Werkzeuge
- **Salewa,** Saturnstraße 65, 85609 Aschheim, Tel. 089/90993-01, Fax 90993190, Internet: www.salewa.de
Hersteller: Trekking- und Bergsport-Ausrüstung und -Kleidung

- **Scarpa,** Dieter Klett, Sportartikelvertrieb, Postfach 183, 72461 Albstadt, Tel. 07432/98410-0, Fax 98410-10, E-mail: info@klett-sports.com, Internet: www.klett-sports.com
Hersteller: Berg-, Wander- und Trekkingstiefel

- **Schöffel**, Mittelstetterweg 23, 86830 Schwabmünchen, Tel. 08232/50060, Fax 72787, E-mail: mail@schoeffel.de
Hersteller: Funktions-Jacken und -Hosen, Fleece, Skiunterwäsche

- **The North Face,** Alois-Wolfmüller-Str. 8, 80939 München, Tel. 089/324557-22, Fax 324557-23, Internet: www.thenorthface.com
Hersteller: Funktionale Outdoorbekleidung, Zelte, Schlafsäcke, Rucksäcke

- **Trangia,** Scandic Outdoor, Zum Sportplatz 6, 21220 Seevetal, Tel. 04105/6813-0 E-mail: scandic@t-online.de, Internet: www.scandic.de
Hersteller: Kocher und Kochgeschirr

- **vauDe,** Vaude Str. 2, 88064 Tettnang Tel. 07542/5306-0, Fax 55134,

Anhang

Internet: www.vauDe.de
Herstellung/Vertrieb: Trekking- und Bergsport- Ausrüstung und -Kleidung
● **Weschle Bernd,** Lindenbergstraße 15,
78052 VS-Tannheim, Tel. 07705/1303
Spezialist für Hundeschlittenzubehör mit eigener Herstellung und Direktverkauf; ein absoluter Fachmann und Tüftler

● **Woick Versand-Team,**
Postfach 134301, 70774 Filderstadt
Internet: www.woick.de

Ausrüstungs-Infos

● **„Wildnis-Küche"** (alles Wissenswerte zum Thema Küche unterwegs), Reise Know-How Verlag,
ISBN 3–89416–751–3
● **„Kanu-Handbuch"** (alles Wissenswerte zum Thema Kanufahren), Reise Know-How Verlag,
ISBN 3–89416–752–1
● **„Outdoor-Praxis",** (der Überflieger zum Gesamtthema) Reise Know-How Verlag,
ISBN 3–89416–629–0
● **„Winterwandern",** Reise Know-How Verlag,
ISBN 3-89416-761-0

Die Redakteure der Zeitschrift Outdoor verfügen über profunde Sachkenntnisse auf allen Gebieten der Outdoor-Ausrüstung, sie haben zahlreiche Produktbeispiele sehr aufwändig und intensiv getestet und die Ergebnisse beispielhaft übersichtlich und informativ zusammengestellt. Ein aktuelles Verzeichnis noch lieferbarer Hefte erhalten Sie vom:
● Rotpunkt Verlag, Redaktion Outdoor
Postfach 1828, 70708 Fellbach
Tel. 0711/957975-33, Fax 0711/957975-9

KulturSchock

Diese Reihe vermittelt dem Besucher einer fremden Kultur wichtiges Hintergrundwissen. **Themen** wie Alltagsleben, Tradition, richtiges Verhalten, Religion, Tabus, das Verhältnis von Frau und Mann, Stadt und Land werden nicht in Form eines völkerkundlichen Vortrages, sondern praxisnah behandelt.

Der **Zweck** der Bücher ist, den Kulturschock weitgehend abzumildern oder ihm gänzlich vorzubeugen. Damit die Begegnung unterschiedlicher Kulturen zu beidseitiger Bereicherung führt und nicht Vorurteile verfestigt.

13 Titel sind lieferbar, darunter:

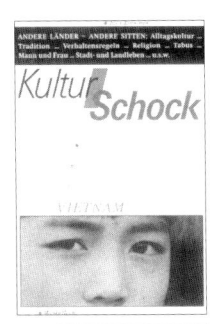

Monika Heyder
KulturSchock Vietnam
288 Seiten, reichlich illustriert

Muriel Brunswig
KulturSchock Marokko
240 Seiten, reichlich illustriert

Rainer Krack
KulturSchock Thailand
240 Seiten, reichlich illustriert

Klaus Boll
KulturSchock Mexiko
216 Seiten, reichlich illustriert

REISE KNOW-HOW Verlag, Bielefeld

Anhang

MEDIZINISCHE HILFE UNTERWEGS

David Werner
Wo es keinen Arzt gibt

- **Medizinisches Grundwissen für Reisen in die Dritte Welt**
- **Diagnose und Behandlung:** Tropen-, Haut- und Augenkrankheiten, Zahnprobleme, Erkrankungen von Blase, Genitalien usw.
- **Erste Hilfe:** Was tun bei Fieber, Schock, Ohnmacht, Unfällen, Hitzeschäden? Behandlung von Wunden, Knochenbrüchen, Verrenkungen, Vergiftungen, Bissen, Transport von Verletzten
- **Anhang für Fernreisende:** Impfkalender, Adressen der Tropeninstitute, Reiseapotheke, Malariaresistenzliste
- 360 Seiten, ISBN 3-89416-035-7

Armin Wirth
Erste Hilfe unterwegs
Effektiv und praxisnah

- **Grundlagen der Ersten und Zweiten Hilfe** speziell für Reisende, Outdoorsportler und Expeditionen
- Tips zur **Vorbereitung** auf die Reise und **Prävention** von Unfällen
- **Übersichtliche Diagnoseschemata** zum schnellen Erkennen der Schädigung oder Krankheit
- Vorgehensweise für **alle häufigen und bedrohlichen Schädigungen und Krankheiten** von Angina Pectoris über Erfrierungen, Wärmeprobleme und Höhenkrankheit bis Zyanose
- 336 Seiten, ISBN 3-89416-689-4

Reise Know-How Verlag, Bielefeld

Kauder-welsch!

Die **Sprachführer der Reihe Kauderwelsch** helfen dem Reisenden, wirklich zu sprechen und die Leute zu verstehen. Wie wird das gemacht?

●Die **Grammatik** wird in einfacher Sprache so weit erklärt, daß es möglich wird, ohne viel Paukerei mit dem Sprechen zu beginnen, wenn auch nicht gerade druckreif.

●Alle Beispielsätze werden doppelt ins Deutsche übertragen: zum einen **Wort-für-Wort,** zum anderen in "ordentliches" Hochdeutsch. So wird das fremde Sprachsystem sehr gut durchschaubar. Ohne eine Wort-für-Wort-Übersetzung ist es so gut wie unmöglich, einzelne Wörter in einem Satz auszutauschen.

●Die **Autorinnen und Autoren** der Reihe sind Globetrotter, die die Sprache im Lande gelernt haben. Sie wissen daher genau, wie und was die Leute auf der Straße sprechen. Deren Ausdrucksweise ist häufig viel einfacher und direkter als z.B. die Sprache der Literatur. Außer der Sprache vermitteln die Autoren Verhaltenstips und erklären Besonderheiten des Reiselandes.

●**Jeder Band** hat 96 bis 160 Seiten. Zu jedem Titel ist eine begleitende **TB-Kassette** (60 Min) erhältlich.

●**Kauderwelsch-Sprachführer** gibt es für über 70 Sprachen in **mehr als 100 Bänden!**

Anhang

Praxis – die neuen handlichen Ratgeber

Wer seine Freizeit aktiv verbringt und moderne Abenteuer sucht, braucht spezielles wissen, das in keiner Schule gelehrt wird. REISE KNOW-HOW beantwortet die vielen Fragen rund um Freizeit, Urlaub und Reisen in der Ratgeberreihe: „Praxis".

Roland Hanewald:
Essbare Früchte Asiens
ISBN 3-89416-771-8

F. Littek: **Fliegen ohne Angst**
ISBN 3-89416-754-8

M. Faermann: **Schutz vor Gewalt und Kriminalität unterwegs**
ISBN 3-89416-756-4

R. Höh: **Kanu-Handbuch**
ISBN 3-89416-752-1

Wilfried Krusekopf:
Küstensegeln
ISBN 3-89416-766-1

Wolfram Schwieder:
Richtig Kartenlesen
ISBN 3-89416-753-X

M. Faermann:
Sicher im und auf dem Meer
ISBN 3-89416-758-0

Friederike Vogel:
Sonne, Wind & Wetter
ISBN 3-89416-769-6

K. Becker:
Tauchen in warmen Gewässern
ISBN 3-89416-760-2

Jeder Titel:
144-160 Seiten, robuste Fadenheftung,
Taschenformat 10,5 x 17 cm,
Weitere Titel siehe Seite 154.

Anhang

Alle Reiseführer auf einen Blick

Reisehandbücher
Urlaubshandbücher
Reisesachbücher
Rad & Bike

Reise Know-How

Alle Reiseführer auf einen Blick

Praxis

All Inclusive
Daoismus erleben
Dschungelwandern
Essbare
  Früchte Asiens
Fernreisen
  auf eigene Faust
Fernreisen mit dem
  eigenen Fahrzeug
Fliegen ohne Angst
GPS Outdoor-
  Navigation
Hinduismus erleben
Höhlen erkunden
Islam erleben
Kanu-Handbuch
Küstensegeln
Orientierung
  mit Kompass
  und GPS
Reisefotografie
Reisen und Schreiben

Richtig Kartenlesen
Schutz vor Gewalt
  und Kriminalität
Sicherheit im und
  auf dem Meer
Sonne, Wind
  und Wetter
Survival-Handbuch,
  Natur-
  katastrophen
Tauchen in kalten
  Gewässern
Tauchen in warmen
  Gewässern
Trekking-Handbuch
Vulkane besteigen
Wildnis-Ausrüstung
Wildnis-Küche
Winterwandern

Edition RKH

Finca auf Mallorca
Geschichten aus
  dem anderen
  Mallorca
Goldene Insel
Mallorquinische
  Reise, Eine
Please wait
  to be seated!
Salzkarawane, Die

KulturSchock

Ägypten
China
Indien
Iran
Islam
Japan
Marokko
Mexiko
Pakistan
Russland
Thailand
Türkei
Vietnam

Anhang

Register

Anhang

Anhang

Der Autor

Hans Strobach, Jahrgang 1934, ist Diplomchemiker mit den Arbeitsgebieten Klinische Chemie und Arzneimittelforschung.

Vor fast 50 Jahren hat er seine erste Wanderung durch das damals noch in Besatzungszonen geteilte Österreich unternommen, und die erste große Tour war 1956 eine dreimonatige Reise mit dem Moped in die Türkei.

Der ersten Tour folgten viele selbst organisierten Reisen zu Fuß, zu Pferd, mit dem Fahrrad, Motorrad und Wagen auf Autobahnen, Buschpfaden und Wüstenpisten in allen Erdteilen. Besonders erlebnisreich war in den sechziger Jahren eine Fahrt mit dem 2CV auf der Hoggarpiste durch die Sahara und Westafrika. Später ging es in den Nahen Osten, nach Indien, Ostasien, Südamerika, in die Südsee sowie nach Neuseeland und in die abgelegensten Regionen des australischen Outbacks.

So sammelte der Autor einen wahren Schatz an praktischen Erfahrungen, die er in diesem Buch in kompakter Form weitergibt.